LIDERANÇA

Daniel Goleman, ph.D.

LIDERANÇA
A INTELIGÊNCIA EMOCIONAL NA FORMAÇÃO DO LÍDER DE SUCESSO

Tradução
Ivo Korytowski

20ª reimpressão

Copyright © 2014 by More Than Sound
Todos os direitos reservados.

Grafia atualizada segundo o Acordo Ortográfico da Língua Portuguesa de 1990, que entrou em vigor no Brasil em 2009.

Título original
What Makes a Leader: Why Emotional Intelligence Matters

Capa
Tecnopop

Revisão
Ana Kronemberger
Raquel Correa
Cristhiane Ruiz

CIP-Brasil. Catalogação na fonte
Sindicato Nacional dos Editores de Livros, RJ

G58L
    Goleman, Daniel
        Liderança: a inteligência emocional na formação do líder de sucesso / Daniel Goleman; tradução Ivo Korytowski. — 1ª ed. — Rio de Janeiro: Objetiva, 2015.

        Tradução de: What Makes a Leader: Why Emotional Intelligence Matters.
        ISBN 978-85-390-0651-9

        1. Liderança. 2. Motivação no trabalho. 3. Administração de pessoa. 4. Sucesso. I. Título.

14-17695
                                  CDD: 658.4092
                                  CDU: 005.322:316.46

Todos os direitos desta edição reservados à
EDITORA SCHWARCZ S.A.
Praça Floriano, 19, sala 3001 — Cinelândia
20031-050 — Rio de Janeiro — RJ
Telefone: (21) 3993-7510
www.companhiadasletras.com.br
www.blogdacompanhia.com.br
facebook.com/editoraobjetiva
instagram.com/editora_objetiva
twitter.com/edobjetiva

Sumário

Introdução	7
A formação de um líder	11
Liderança que traz resultados	29
Liderança primordial: o propulsor oculto do ótimo desempenho	53
Redespertando sua paixão pelo trabalho	79
Inteligência social e a biologia da liderança	97
O foco triplo do líder	115
Não apenas inteligente, mas sábio	133

Introdução

O QUE É MAIS importante para a liderança que obtém resultados: QI [quociente de inteligência] ou QE [quociente emocional]? O paradoxo é que ambos importam, mas de formas bem diferentes.

Não há dúvida de que o QI é a melhor forma de encaminhar as pessoas para as carreiras que lhes são mais adequadas: é preciso um QI com um desvio padrão (um QI de 115) para lidar com a complexidade cognitiva de profissões como medicina, direito ou contabilidade, ou para ser um executivo de alto nível.

No entanto, uma vez que as pessoas estejam nesses papéis, a capacidade do QI como previsor do sucesso decai gradualmente. Existe um "efeito piso" para o QI — todos nesses papéis foram selecionados por conta do QI alto. Mas na hora de prever quem dentre essas pessoas extremamente inteligentes irá emergir como a mais produtiva, o melhor membro de equipe ou um líder destacado, a inteligência emocional passa a ter mais importância.

Isso ocorre porque as habilidades da inteligência emocional — quão bem gerimos nossa vida e nossos relacionamentos — são as habilidades que distinguem aqueles com desempenho excepcional. E quanto mais se sabe em uma organização, maior a importância da IE [inteligência emocional] para distinguir os líderes mais eficazes.

Esta coletânea de meus textos sobre liderança e IE — sobretudo artigos que escrevi para a *Harvard Business Review* — reflete como meu pensamento evoluiu. Quando *Inteligência emocional* foi puiblicado, em meados da década de 1990, incluí um capítulo curto, chamado "Administrar com o coração", que defendia o argumento simples de que os líderes precisam ter inteligência emocional elevada. Naquela época, isso era uma ideia nova e bastante radical. Entretanto, para minha surpresa, o capítulo atraiu grande atenção, particularmente de pessoas da área de administração.

Ao pesquisar sobre liderança e IE para meu livro seguinte, *Trabalhando com a inteligência emocional*, convenci-me ainda mais. Tirei proveito de meu aprendizado na pós-graduação com David McClelland, na época pioneiro no método conhecido como "modelagem de competência", que permite uma análise sistemática das forças específicas que fazem com que alguém num dado papel mostre um desempenho excepcional. Quando fiz uma análise aproximada de quase duzentos desses modelos de uma grande variedade de organizações, descobri que a grande maioria das competências que distinguiam os melhores líderes se baseava na IE, não no QI.

Aquilo chamou a atenção dos editores da *Harvard Business Review* [HBR], que pediram que eu escrevesse um artigo sintetizando minha descoberta. Intitulado "A formação de um líder", esse artigo é o primeiro capítulo deste livro. Meu artigo seguinte na HBR, "Liderança que traz resultados" — o segundo capítulo aqui —, sintetizou dados do Hay Group sobre estilos de liderança baseados nas habilidades de IE e seus diferentes impactos sobre o clima emocional da organização.

Ao examinar mais profundamente as descobertas da neurociência sobre a dinâmica dos relacionamentos — e o que aquilo significava para os propulsores da excelência e dos relacionamentos de alto impacto —, de novo escrevi para a HBR. Esses artigos também estão incluídos neste livro.

Meu pensamento mais recente mudou de referencial para explorar como o foco de um líder importa para a eficácia. O capítulo "O foco triplo do líder" sintetiza seções sobre liderança do meu livro *Foco: A atenção e seu papel fundamental para o sucesso*. E o capítulo final, escrito para uma revista (por coincidência chamada *Focus*), publicada pela Egon Zehnder International, reflete sobre a dimensão ética da liderança.

Incluí também diversos posts de meus blogs, inseridos sempre após os capítulos pertinentes, que analisam o tema com mais profundidade ou o complementam. Esses surgiram originalmente, na sua maioria, no LinkedIn. Alguns são do HBR.org.

Espero que minhas reflexões aqui reunidas o ajudem em sua própria jornada da liderança.

Daniel Goleman
Janeiro de 2014

A formação de um líder

Publicado originalmente na *Harvard Business Review*, novembro/dezembro de 1998

Todo homem ou toda mulher de negócios conhece uma história sobre um executivo extremamente inteligente e qualificado que foi promovido para um cargo de liderança apenas para não dar certo na nova função. E conhece também uma história sobre alguém com habilidades intelectuais e técnicas sólidas — mas não extraordinárias — que foi promovido para um cargo semelhante, e deslanchou. Tais casos respaldam a crença generalizada de que identificar indivíduos com "talento" para serem líderes é mais arte que ciência. Afinal, os estilos pessoais de ótimos líderes variam: alguns líderes são discretos e analíticos; outros bradam seus manifestos do alto das montanhas. E igualmente importante, diferentes situações requerem diferentes tipos de liderança. A maioria das fusões requer um negociador sensível na direção, enquanto muitas reviravoltas requerem uma autoridade mais vigorosa. Constatei, porém, que os líderes mais eficazes são semelhantes em um aspecto crucial: todos possuem um alto grau do que passou a ser conhecido como inteligência emocional.

Isso não quer dizer que QI e habilidades técnicas sejam irrelevantes. Eles importam, mas sobretudo como "capacidades de limiar". Ou seja, são os requisitos de início de carreira para cargos executivos. No entanto, minhas pesquisas, junto com outros estudos recentes, sugerem fortemente que a inteligência emocional é a condição sine qua non da liderança. Sem ela, um indivíduo pode ter a melhor formação do mundo, uma mente incisiva e analítica e um suprimento infinito de ideias inteligentes, mas não será um bom líder. Meus colegas e eu temos como foco a inteligência emocional no trabalho. Examinamos as relações entre inteligência emocional e desempenho eficaz, especialmente em líderes, e observamos como a IE se manifesta no trabalho. Como você pode distinguir se alguém possui uma inteligência emocional alta, por exemplo, e como reconhecê-la em si próprio? Nas páginas seguintes exploraremos essas questões, examinando um a um os componentes da inteligência emocional: autoconsciência, autogestão, empatia e habilidade social.

A maioria das grandes empresas de hoje contrata psicólogos experientes para desenvolverem os chamados "modelos de competência" a fim de ajudá-las a identificar, treinar e promover os prováveis astros no firmamento da liderança. Os psicólogos também desenvolveram tais modelos para cargos mais baixos. Enquanto eu escrevia *Trabalhando com a inteligência emocional*, analisei modelos de competência de 188 empresas — a maioria, empresas grandes e multinacionais — além de órgãos públicos. Ao realizar esse trabalho, meu objetivo foi descobrir quais capacidades pessoais promoviam o desempenho excepcional nessas organizações, e em que grau. Agrupei as capacidades em três categorias: habilidades puramente técnicas, como contabilidade e planejamento dos negócios; habilidades cognitivas, como raciocínio analítico; e competências que demonstram inteligência emocional, como capacidade de trabalhar com o outro e eficácia ao liderar mudanças. Para criar alguns dos modelos de competência, psicólogos pediram aos altos gerentes das empresas que identificassem as capacidades que caracterizavam os líderes mais destacados da organização. Para criar outros modelos, os psicólogos usaram critérios objetivos — por exemplo, a rentabilidade da divisão — para distinguir entre aqueles com desempenho excelente nos níveis superiores das organizações e os líderes com desempenho normal. Esses indivíduos foram então longamente entrevistados e testados, e suas capacidades foram comparadas. O processo resultou na criação de listas de ingredientes para líderes altamente eficazes. As listas variaram entre sete a 15 itens e incluíram ingredientes como iniciativa e visão estratégica. Algumas das competências refletiam habilidades puramente cognitivas, de QI, ou habilidades puramente técnicas, enquanto outras se baseavam em grande parte em habilidades de inteligência emocional, como autogestão.

Quando analisei esses dados, descobri resultados impressionantes. Sem dúvida, o intelecto era o propulsor do desempenho excepcional. Habilidades cognitivas como o pensamento macro e a visão de longo prazo eram particularmente importantes. Mas quando calculei a razão entre habilidades técnicas e QI e inteligência emocional como ingredientes do desempenho ótimo, a inteligência emocional mostrou-se duas vezes mais importante que as outras habilidades para cargos em todos os níveis. Além disso, minha análise mostrou que, conforme as posições dentro da empresa se elevavam, a inteligência emocional passava a desempenhar um papel cada vez mais importante — chegando a posições nas quais diferenças em habilidades técnicas tinham importância insignificante.

Em outras palavras, quanto mais alto o cargo de uma pessoa com desempenho excelente, mais as capacidades da inteligência emocional apareciam como a razão de sua eficácia. Quando comparei pessoas de desempenho excelente com pessoas comuns em cargos de alta liderança, quase 90 por cento das competências que distinguiam o desempenho excepcional eram atribuíveis a fatores da inteligência emocional, em vez de habilidades puramente cognitivas. Outros pesquisadores confirmaram que a inteligência emocional não apenas distingue os líderes excepcionais, como também pode estar associada ao alto desempenho.

As descobertas do falecido David McClelland, o renomado pesquisador do comportamento humano e organizacional, fornecem um bom exemplo. Num estudo de 1996 de uma multinacional de alimentos e bebidas, McClelland descobriu que quando altos executivos tinham uma massa crítica de capacidades de inteligência emocional, suas divisões superavam em 20 por cento as metas anuais de receita. Enquanto isso, líderes de divisão sem aquela massa crítica ficavam aquém das metas na mesma porcentagem. O interessante foi que as descobertas de McClelland se mostraram verdadeiras nas divisões norte-americanas da empresa tanto quanto em suas divisões na Ásia e na Europa. Em suma, os números contam uma história persuasiva sobre o vínculo entre o sucesso de uma empresa e a inteligência emocional de seus líderes. E, igualmente importante, pesquisadores também estão demonstrando que as pessoas podem, se adotarem a abordagem correta, desenvolver sua inteligência emocional.

■ AUTOCONSCIÊNCIA

A autoconsciência é o primeiro componente da inteligência emocional — o que faz sentido quando se pensa que o Oráculo de Delfos deu o conselho de "conhece-te a ti mesmo" milhares de anos atrás. Autoconsciência significa uma compreensão profunda das próprias emoções, forças, fraquezas, necessidades e impulsos. As pessoas com autoconsciência forte não são nem críticas demais nem irrealisticamente esperançosas. Pelo contrário, são honestas consigo e com os outros. Pessoas com alto nível de autoconsciência reconhecem como seus sentimentos afetam a elas, as outras pessoas e seu desempenho profissional. Desse modo, uma pessoa autoconsciente, que sabe que não consegue bons resultados sob prazos apertados, planeja seu tempo com cuidado e termina seu trabalho antecipadamente. Outra pessoa com boa autoconsciência será capaz de trabalhar com um cliente exigente. Ela entenderá o impacto do cliente sobre seu estado de espírito e as razões mais profundas de sua frustração. "Suas exigências triviais afastam-nos do trabalho real que precisa ser feito", ela pode explicar. E estará um passo à frente, voltando sua raiva para algo construtivo.

A autoconsciência também está ligada à compreensão que as pessoas têm de seus próprios valores e metas. Alguém muito autoconsciente sabe para onde está indo e por quê. Assim, por exemplo, será capaz de ser firme ao rejeitar uma oferta de emprego financeiramente tentadora, mas que não se enquadra em seus princípios ou objetivos de longo prazo. Uma pessoa sem autoconsciência tende a tomar decisões que trazem agitação interior, ao passar por cima de valores arraigados. "A grana parecia boa, por isso assinei o contrato", alguém poderia dizer dois anos após ingressar num emprego, "mas o trabalho significa tão pouco para mim que fico constantemente entediado". As decisões das pessoas autoconscientes se harmonizam com seus valores. Consequentemente, quase sempre acham seu trabalho estimulante.

Como se pode reconhecer a autoconsciência? Em primeiro lugar, ela se revela como franqueza e uma capacidade de se autoavaliar realisticamente. As pessoas com autoconsciência elevada são capazes de falar com precisão e abertamente — embora não necessariamente com efusão ou em tom confessional — sobre suas emoções e o impacto que exercem em seu trabalho. Por exemplo, uma gerente que conheço estava cética sobre um novo serviço de *personal-shopper* que sua empresa, uma grande rede de lojas de departamentos, estava prestes a lançar. Sem que sua equipe ou chefe pedisse, ela ofereceu espontaneamente uma explicação: "É difícil para mim apoiar o lançamento deste serviço", ela admitiu, "porque eu realmente queria dirigir o projeto, mas não fui escolhida. Me tolerem enquanto eu lido com isso". A gerente realmente examinou seus sentimentos. Uma semana depois, estava apoiando plenamente o projeto. Tal autoconsciência muitas vezes se revela no processo de contratação. Peça a um candidato que descreva uma situação em que foi dominado por seus sentimentos e fez algo de que mais tarde se arrependeu. Candidatos autoconscientes serão francos em admitir um fracasso, e com frequência contarão suas histórias com um sorriso. Uma das características da autoconsciência é um senso de humor autodepreciativo.

A autoconsciência também pode ser identificada nas avaliações de desempenho. Pessoas autoconscientes conhecem suas limitações e forças e se sentem à vontade conversando sobre elas, com frequência demonstrando avidez pela crítica construtiva. Por outro lado, pessoas com autoconsciência baixa interpretam a mensagem de que precisam melhorar como uma ameaça ou um sinal de fracasso. Pessoas autoconscientes também podem ser reconhecidas por sua autoconfiança. Elas têm uma compreensão firme de suas capacidades e são menos passíveis de fracassarem, por exemplo, por assumirem um excesso de atribuições. Elas também sabem quando pedir ajuda. E os riscos que correm no cargo são calculados. Não aceitarão um desafio que sabem que não podem realizar sozinhas. Elas agirão conforme suas forças.

Vejamos as ações de uma funcionária de médio escalão convidada a participar de uma reunião sobre estratégia com os altos executivos de sua empresa. Embora fosse a pessoa de cargo mais baixo na sala, não ficou sentada quieta, ouvindo em um silêncio estupefato ou temeroso. Ela sabia que tinha boa cabeça para uma lógica clara e habilidade de apresentar ideias persuasivamente, e ofereceu sugestões convincentes sobre a estratégia da empresa. Ao mesmo tempo, sua autoconsciência impediu que invadisse o território em que sabia que era fraca. Apesar do valor de ter uma pessoa autoconsciente no local de trabalho, minha pesquisa indica que os altos executivos não costumam dar à autoconsciência o crédito que merece quando buscam líderes potenciais. Muitos executivos confundem franqueza sobre os sentimentos com "insegurança" e deixam de dar o devido respeito aos funcionários que reconhecem abertamente suas deficiências. Tais pessoas são prontamente rejeitadas como "não suficientemente firmes" para liderarem os outros.

Na verdade, ocorre o inverso. Em primeiro lugar, as pessoas geralmente admiram e respeitam a franqueza. Além disso, constantemente se exige dos líderes que tomem decisões que requerem uma avaliação franca das capacidades — suas próprias e dos outros. Será que temos competência gerencial para assumir um concorrente? Conseguiremos lançar um produto novo dentro de seis meses? Pessoas que se avaliam honestamente — ou seja, pessoas autoconscientes — são bem preparadas para fazer o mesmo para as organizações que dirigem.

■ AUTOGESTÃO

Impulsos biológicos dirigem nossas emoções. Não podemos eliminá-los, mas podemos fazer muita coisa para administrá-los. O autocontrole, que é como uma conversa interior contínua, é o componente da inteligência emocional que nos liberta de sermos prisioneiros de nossos sentimentos. As pessoas engajadas em tal conversa sentem mau humor e impulsos emocionais como todas as outras, mas acham meios de controlá-los e até mesmo de canalizá-los de formas úteis. Imagine um executivo que acabou de assistir à apresentação, por uma equipe de seus funcionários, de uma análise malfeita à diretoria da empresa. Desanimado, o executivo pode se ver tentado a socar a mesa com raiva ou chutar uma cadeira. Ele poderia se levantar e dar uma bronca no grupo. Ou poderia manter um silêncio sombrio, fuzilando todos com os olhos antes de se retirar. Mas se tivesse um dom para o autocontrole, optaria por uma abordagem diferente. Escolheria suas palavras com cuidado, reconhecendo o mau desempenho da equipe sem fazer nenhum julgamento precipitado. Depois faria uma pausa para analisar as razões do fracasso. Seriam pessoais — falta de empenho? Existem quaisquer fatores mitigantes? Qual foi seu papel no fiasco? Após refletir sobre essas questões, reuniria a equipe, exporia as consequências do incidente e apresentaria seus sentimentos a respeito. Em seguida apresentaria sua análise do problema e uma solução bem fundamentada.

Por que o autocontrole é tão importante para os líderes? Em primeiro lugar, pessoas que estão no controle de seus sentimentos e impulsos — ou seja, pessoas racionais — são capazes de criar um ambiente de confiança e equidade. Em tal ambiente, a politicagem e as rivalidades são fortemente reduzidas e a produtividade é alta. Pessoas talentosas acorrem à organização e não sentem vontade de deixá-la. E o autocontrole tem um efeito multiplicador. Ninguém quer ser conhecido como cabeça quente quando o chefe é conhecido pela abordagem calma. Menos mau humor no alto significa menos por toda a empresa. Segundo, o autocontrole é importante por razões competitivas. Todos sabem que as empresas atuais são cheias de ambiguidades e mudanças. As empresas se fundem e se dividem regularmente. A tecnologia transforma o trabalho num ritmo estonteante. Pessoas que dominaram suas emoções são capazes de acompanhar as mudanças. Quando se anuncia um programa novo, elas não entram em pânico. Pelo contrário, conseguem suspender o julgamento, buscar informações e ouvir os executivos explicarem o novo programa. À medida que a iniciativa avança, essas pessoas conseguem acompanhá-la. Às vezes chegam a liderar o percurso.

Vejamos o caso de uma gerente em uma grande empresa industrial. Como seus colegas, vinha usando certo software havia cinco anos. O programa determinava como ela coletava e informava os dados e como pensava na estratégia da empresa. Um dia, os altos executivos anunciaram a instalação de um programa novo que mudaria radicalmente como as informações eram coletadas e avaliadas dentro da organização. Enquanto muitas pessoas na organização se queixaram amargamente de quão perturbadora seria aquela mudança, a gerente refletiu sobre as razões do programa novo e se convenceu de seu potencial de melhorar o desempenho. Ela entusiasticamente compareceu às sessões de treinamento — alguns de seus colegas se recusaram a fazê-lo — e acabou sendo promovida a dirigir várias divisões, em parte por utilizar tão eficazmente a nova tecnologia.

Quero insistir ainda mais na importância do autocontrole para a liderança e sustentar que ele aumenta a integridade, que é não apenas uma virtude pessoal, mas também uma força organizacional. Muitas das coisas ruins que ocorrem nas empresas são em função do comportamento impulsivo. As pessoas raramente planejam exagerar os lucros, rechear contas de despesas, meter a mão no cofre ou abusar do poder com finalidades egoístas. O que ocorre é que uma oportunidade se apresenta e a pessoa com baixo controle dos impulsos simplesmente diz sim. Em contrapartida, vejamos o comportamento do alto executivo em uma grande empresa de alimentos. Esse executivo era escrupulosamente honesto nas negociações com distribuidores locais. Costumava expor sua estrutura de custos em detalhes, dando assim aos distribuidores uma compreensão realista da precificação da empresa. Essa abordagem fazia com que o executivo nem sempre conseguisse negociar preços favoráveis. Ocasionalmente, sentia o impulso de aumentar o lucro sonegando informações sobre os custos da empresa. Mas ele desafiava tal impulso — via que fazia mais sentido no longo prazo opor-se a ele. Seu autocontrole emocional foi recompensado por relacionamentos fortes e duradouros com os distribuidores que beneficiaram a empresa mais do que quaisquer ganhos financeiros de curto prazo.

Os sinais do autocontrole emocional, portanto, são fáceis de perceber: uma propensão pela reflexão e ponderação; adaptação à ambiguidade e mudança; e integridade — uma capacidade de dizer não aos impulsos. Como a autoconsciência, o autocontrole nem sempre é reconhecido. Pessoas capazes de dominar as emoções às vezes são vistas como frias — suas reações ponderadas são vistas como falta de paixão. Pessoas de temperamento tempestuoso são frequentemente consideradas os líderes "clássicos" — seus acessos são considerados sinais de carisma e poder. Mas quando tais pessoas chegam ao topo, sua impulsividade muitas vezes se volta contra elas. Em minhas pesquisas, exibições extremas de emoção negativa nunca se mostraram propulsoras da boa liderança.

Se existe um traço que praticamente todos os líderes eficazes possuem, trata-se da motivação — uma variedade da autogestão pela qual mobilizamos nossas emoções positivas para nos impelir às nossas metas. Líderes motivados são impelidos a realizarem além das expectativas — suas próprias e de todos os outros. A palavra-chave aqui é *realizar*. Muitas pessoas são motivadas por fatores externos, como o alto salário, o status resultante de um cargo notável ou fazer parte de uma empresa de prestígio. Por sua vez, aqueles com potencial de liderança são motivados por um desejo profundamente arraigado da realização pela realização. Se você está em busca de líderes, como pode identificar pessoas que são motivadas pelo impulso de realizar em vez de recompensas externas? O primeiro sinal é uma paixão pelo próprio trabalho — tais pessoas buscam desafios criativos, adoram aprender e se orgulham de um serviço bem-feito. Elas também exibem uma energia incansável para fazer melhor as coisas. Pessoas com tal energia muitas vezes parecem inquietas com o status quo. São persistentes com suas questões sobre por que as coisas são feitas de uma maneira em vez de outra. Estão ávidas por explorar abordagens novas ao trabalho que realizam.

O gerente de uma empresa de cosméticos, por exemplo, estava frustrado por ter de aguardar duas semanas para obter os resultados de vendas do pessoal em campo. Acabou descobrindo um sistema telefônico automatizado que faria soar um sinal a cada um de seus vendedores às cinco da tarde diariamente. Uma mensagem automatizada solicitaria que digitassem seu número para informar quantas visitas e vendas haviam feito naquele dia. O sistema encurtou o tempo de feedback dos resultados das vendas de semanas para horas. Essa história ilustra dois outros traços comuns às pessoas motivadas a realizarem: estão eternamente elevando seu nível de desempenho e gostam de ficar de olho nos resultados.

Vejamos o nível de desempenho primeiro. Durante as avaliações de desempenho, pessoas com alto nível de motivação poderiam pedir para serem mais "exploradas" por seus supervisores. Claro que um funcionário que combine autoconsciência com motivação interna reconhecerá seus limites, mas não se contentará com objetivos que pareçam fáceis demais de alcançar. Segue-se naturalmente que pessoas motivadas a melhorar também querem um meio de rastrear o progresso — seu próprio, de sua equipe e de sua empresa. Enquanto pessoas com pouca motivação para realizar costumam ser nebulosas sobre os resultados, aquelas com motivação alta costumam ficar de olho nos resultados, rastreando indicadores concretos como rentabilidade ou participação no mercado. O interessante é que pessoas com motivação alta permanecem otimistas mesmo quando os indicadores estão contra elas. Nesses casos, o autocontrole se combina com a motivação para superar a frustração e depressão que advêm de um revés ou fracasso.

■ EMPATIA

De todas as dimensões da inteligência emocional, a empatia é a mais facilmente reconhecida. Todos nós já sentimos a empatia de um professor ou amigo sensível. Todos fomos atingidos por sua ausência num coach ou chefe insensível. Mas quando se trata de negócios, raramente vemos pessoas serem elogiadas, menos ainda recompensadas, por sua empatia. A própria palavra parece estranha aos negócios, deslocada em meio às duras realidades do mercado. Mas empatia não significa um sentimentalismo do tipo "eu estou OK, você está OK". Para um líder, não significa adotar as emoções das outras pessoas como suas próprias e tentar agradar a todos. Isso seria um pesadelo — tornaria qualquer ação impossível. Pelo contrário, empatia significa levar em conta ponderadamente os sentimentos dos funcionários — junto com outros fatores — no processo de tomar decisões inteligentes. Para um exemplo de empatia em ação, vejamos o que aconteceu quando duas enormes corretoras se fundiram, criando cargos redundantes em todas as suas divisões. Um gerente de divisão reuniu seu pessoal e fez um discurso sombrio enfatizando o número de pessoas que logo seriam demitidas. O gerente de outra divisão ofereceu ao seu pessoal outro tipo de discurso. Ele foi honesto sobre sua própria preocupação e perplexidade, e prometeu manter o pessoal informado e tratar todos com justiça. A diferença entre esses dois gerentes foi a empatia. O primeiro gerente estava preocupado demais com seu próprio destino para levar em conta os sentimentos de seus colegas apavorados. O segundo sabia intuitivamente o que seu pessoal estava sentindo, e reconheceu seus temores com suas palavras. É de surpreender que o primeiro gerente viu sua divisão afundar quando muitas pessoas desmotivadas, especialmente as mais talentosas, partiram? Em contraste, o segundo gerente continuou sendo um líder forte, seus melhores funcionários permaneceram e sua divisão continuou tão produtiva como sempre.

    Hoje em dia, a empatia é particularmente importante como um componente da liderança por ao menos três motivos: o número cada vez maior de equipes, o ritmo veloz da globalização e a necessidade crescente de reter os talentos. Vejamos os desafios de liderar uma equipe. Como qualquer um que já fez parte de uma pode confirmar, equipes são caldeirões de emoções fervilhantes. Muitas vezes são incumbidas de obter um consenso — o que já é difícil com duas pessoas e bem mais difícil quando os números aumentam. Mesmo em grupos com apenas quatro ou cinco membros, alianças se formam e agendas conflitantes são propostas. O líder de uma equipe precisa ser capaz de sentir e entender os pontos de vista de todos ao redor da mesa. Foi exatamente o que uma gerente de marketing de uma grande empresa de tecnologia da informação conseguiu fazer quando foi designada para liderar uma equipe problemática. O grupo estava em tumulto, sobrecarregado de trabalho e não conseguia cumprir os prazos. Havia grandes tensões entre os membros. Mexer nos procedimentos não era suficiente para voltar a unir o grupo e torná-lo uma parte eficaz da empresa. Assim, a gerente deu diversos passos. Numa série de sessões individuais, dedicou tempo a ouvir todos no grupo — o que os vinha frustrando, como classificavam seus colegas, se sentiam que haviam sido ignorados. E depois direcionou a equipe de uma forma que a uniu: encorajou as pessoas a falarem mais abertamente sobre suas frustrações e ajudou as pessoas a fazerem queixas construtivas durante as reuniões. Em suma, sua empatia permitiu que ela entendesse a constituição emocional de sua equipe. O resultado foi não apenas uma maior colaboração entre os membros, mas também novos negócios, já que a equipe foi solicitada por uma faixa maior de clientes internos.

    A globalização é outro motivo da importância crescente da empatia para líderes empresariais. O diálogo intercultural pode facilmente levar a erros de comunicação e mal-entendidos. A empatia é um antídoto. As pessoas que a possuem estão sintonizadas com as sutilezas da linguagem corporal. Elas conseguem ouvir a mensagem sob as palavras sendo proferidas. Além disso, possuem uma profunda compreensão tanto da existência como da importância das diferenças culturais e étnicas. Vejamos o caso de um consultor americano cuja equipe acabara de expor um projeto a um potencial cliente japonês. Ao lidar com americanos, a equipe estava acostumada a ser bombardeada de perguntas após fazer uma proposta, mas dessa vez foi saudada por um longo silêncio. Outros membros da equipe, interpretando o silêncio como desaprovação, ficaram prontos para arrumar as pastas e partir. O chefe dos consultores gesticulou para que parassem. Embora não estivesse particularmente familiarizado com a cultura japonesa, interpretou a expressão e a postura do cliente, e o que percebeu não foi rejeição, mas interesse — até uma consideração profunda. Ele estava certo: quando o cliente enfim falou, foi para passar o serviço à empresa de consultoria.

Finalmente, a empatia desempenha um papel-chave na retenção dos talentos, particularmente na atual economia da informação. Líderes sempre precisaram de empatia para desenvolver e conservar bons funcionários, mas atualmente os riscos são maiores. Quando bons funcionários partem, levam consigo os conhecimentos da empresa. É aí que entram em ação o coaching e o *mentoring*. Repetidamente se demonstrou que o coaching e o *mentoring* surtem efeito não apenas em termos de um melhor desempenho, mas também de uma satisfação maior no trabalho e menor rotatividade. Mas o que faz o coaching e o *mentoring* funcionarem melhor é a natureza do relacionamento. Coaches e mentores excepcionais penetram na cabeça das pessoas que estão ajudando. Eles percebem como dar um feedback eficaz. Sabem quando incitar um melhor desempenho e quando se conter. Da maneira como motivam seus pupilos, demonstram empatia em ação. No que provavelmente está soando como um refrão, deixem-me repetir que a empatia não é muito respeitada nos negócios. As pessoas questionam como os líderes vão conseguir tomar decisões duras se estão "sentindo" por todas as pessoas que serão afetadas. Mas líderes com empatia fazem mais do que simpatizar com as pessoas à sua volta: eles usam seus conhecimentos para aperfeiçoar suas empresas de formas sutis, mas importantes.

■ HABILIDADE SOCIAL

Os dois primeiros componentes da inteligência emocional são habilidades de autogestão. Os dois últimos, empatia e habilidade social, envolvem a capacidade de uma pessoa se relacionar com outras. Como um componente da inteligência emocional, a habilidade social não é tão simples como parece. Não é uma mera questão de cordialidade — embora pessoas com altos níveis de habilidade social raramente sejam antipáticas. A habilidade social, mais exatamente, é a cordialidade com um propósito: conduzir as pessoas na direção que você deseja, seja a concordância com uma estratégia de marketing nova ou o entusiasmo com um novo produto.

Pessoas socialmente hábeis tendem a ter um amplo círculo de conhecidos e têm um dom para chegar a um denominador comum com pessoas de todos os tipos — um dom para desenvolver afinidades. Isso não significa que tenham contatos sociais constantes. Significa que atuam segundo o pressuposto de que sozinho não se realiza nada importante. Tais pessoas têm uma rede disponível quando chega a hora da ação. A habilidade social é a culminância das outras dimensões da inteligência emocional. As pessoas tendem a ser bem eficazes em gerir relacionamentos quando conseguem entender e controlar suas próprias emoções e conseguem ser empáticos com os sentimentos dos outros.

A própria motivação contribui para a habilidade social. Lembre-se de que as pessoas motivadas a realizar tendem a ser otimistas, mesmo diante de reveses ou fracassos. Quando as pessoas são otimistas, seu "brilho" se reflete nas conversas e outros encontros sociais. Elas são populares, e por um bom motivo. Por ser o resultado de outras dimensões da inteligência emocional, a habilidade social é reconhecível no trabalho de várias formas que a esta altura soarão familiares. Pessoas socialmente hábeis são exímias em gerir equipes — é sua empatia em ação. De forma semelhante, são mestres na persuasão — uma manifestação da autoconsciência, do autocontrole e da empatia combinados. Dadas essas habilidades, bons persuasores sabem quando fazer um apelo emocional, por exemplo, e quando um apelo à razão funcionará melhor. E a motivação, quando publicamente visível, torna tais pessoas excelentes colaboradores. Sua paixão pelo trabalho contamina os outros, e elas ficam determinadas a achar soluções.

Mas às vezes as habilidades sociais se revelam de formas diferentes dos outros componentes da inteligência emocional. Pessoas socialmente hábeis podem às vezes parecer que não estão trabalhando. Parecem estar de papo furado — conversando nos corredores com colegas ou se divertindo com pessoas que sequer estão ligadas ao seu cargo "real". Elas, porém, não acham que faça sentido limitar arbitrariamente o alcance de seus relacionamentos. Desenvolvem vínculos amplos porque sabem que, nesses períodos fluidos, poderão um dia precisar da ajuda de pessoas que estão vindo a conhecer hoje.

Vejamos o caso de um executivo no departamento de estratégia de uma multinacional de computadores. Em 1993, ele se convenceu de que o futuro de sua empresa estava na internet. No decorrer do ano seguinte, encontrou espíritos afins e usou a habilidade social para alinhavar uma comunidade virtual que cobria todos os níveis, divisões e nações. Ele então usou sua equipe real para criar um site corporativo, um dos primeiros de uma grande empresa. E, por sua própria iniciativa, sem nenhum orçamento ou status formal, inscreveu a empresa para participar de uma convenção anual da indústria da internet. Apelando para seus aliados e persuadindo diversas divisões a doarem recursos, recrutou mais de cinquenta pessoas de uma dúzia de diferentes unidades para representarem a empresa na convenção. A alta direção reparou: um ano após a conferência, a equipe do executivo formou a base para a primeira divisão da internet da empresa, e ele foi formalmente posto no comando dela. Para chegar ali, o executivo havia ignorado as fronteiras convencionais, forjando e conservando relações com pessoas em cada canto da organização.

A habilidade social é considerada uma capacidade de liderança básica na maioria das empresas? A resposta é sim, especialmente quando comparada com os outros componentes da inteligência emocional. As pessoas parecem saber intuitivamente que os líderes precisam lidar de forma eficaz com os relacionamentos: nenhum líder é uma ilha. Afinal, a tarefa de um líder é fazer com que o trabalho seja realizado por outras pessoas, e a habilidade social torna isso possível. Um líder incapaz de expressar sua empatia possivelmente não possui nenhuma. E a motivação de um líder será inútil se não conseguir comunicar sua paixão à organização. A habilidade social permite aos líderes colocar em prática sua inteligência emocional.

Seria tolo afirmar que o bom e velho QI e a habilidade técnica não são ingredientes importantes na liderança forte. Mas a receita não estaria completa sem a inteligência emocional. Quanto aos componentes da inteligência emocional, costumava-se pensar que era "bom estarem presentes" nos líderes empresariais. Mas agora sabemos que, em prol do desempenho, são ingredientes que os líderes precisam ter. É auspicioso, então, que a inteligência emocional possa ser aprendida. O processo não é fácil. Leva tempo e, acima de tudo, requer empenho. Mas os benefícios que advêm de uma inteligência emocional bem desenvolvida, tanto para o indivíduo como para a organização, fazem com que o esforço valha a pena.

Pós-escrito
Originalmente publicado no LinkedIn.com

HABILIDADES DE IE QUE OS EMPREGADORES AGORA QUEREM

7 de julho de 2013

Alguém recentemente me perguntou: "A inteligência emocional continua tão importante no mercado de trabalho atual como era em 1995?", quando escrevi meu primeiro livro sobre o tema.

Mais importante do que nunca, eu diria. Eis por quê. Em primeiro lugar, o mercado de trabalho global vem exigindo mais de candidatos a empregos. E os melhores empregadores do mundo não são apenas mais exigentes — estão em busca dos melhores graduados que também sejam fortes em inteligência emocional.

Claro que o alto desempenho na vida acadêmica e as habilidades técnicas certas ainda importam. Mas no mercado de trabalho atual os melhores empregadores estão em busca de algo mais. De acordo com Paul Wiseman, jornalista de economia da Associated Press, as empresas também "querem graduados com habilidades interpessoais". As principais são:

- **Trabalhar bem em equipe**. Como um executivo contou certa vez a um consultor da McKinsey: "Nunca demiti um engenheiro por ser mau engenheiro, mas por não trabalhar bem em equipe."
- **Comunicações claras e eficazes**. Isso requer uma forte empatia cognitiva, a capacidade de entender como a outra pessoa pensa. Claro que boas habilidades de escuta também são importantes.
- **Boa adaptação à mudança**. Tal flexibilidade significa boa autogestão.
- **Boa interação com uma grande variedade de pessoas**. Isso inclui clientes e colegas de trabalho de outros grupos além de seu próprio e de outras culturas.

- **Pensar claramente e resolver problemas sob pressão**. Uma combinação de autoconsciência, foco e rápida recuperação do estresse põe o cérebro em um estado ótimo para quaisquer habilidades cognitivas que sejam necessárias.

As escolas de formação profissional estão ouvindo. A faculdade de Administração de Yale recentemente anunciou que acrescentará um teste de inteligência emocional ao seu processo de admissão.

Mas as habilidades de inteligência emocional podem ser aprendidas. Prefiro a abordagem do meu colega Richard Boyatzis da Faculdade de Administração Weatherhead da Case Western University. Ele ensina aos seus alunos de MBA como melhorar suas competências de inteligência emocional. Depois de aprenderam, continuam desenvolvendo essas competências ao longo de suas carreiras.

COMO AVALIAR SUA IE

27 de junho de 2013

"O que vocês precisam agora é de inteligência emocional", foi o que o novo presidente da China informou a uma turma de formandos no mês passado em sua principal escola técnica.

Agora, a *Businessweek* da Bloomberg informa que a faculdade de Administração de Yale acrescentou um teste de inteligência emocional aos seus requisitos de admissão. E como anda sua inteligência emocional?

Como acontece com o QI, existem diversos modelos teóricos de inteligência emocional, cada um respaldado por seu próprio conjunto de descobertas de pesquisas. Aquele que propus — que tem se saído bem em prever o desempenho real das empresas — examina um espectro de competências de liderança baseadas na IE que ajudam um líder a ser mais eficaz.

Eis algumas perguntas que o ajudarão a refletir sobre seu próprio conjunto de forças e limites em IE. Não se trata de um "teste" de IE, mas de uma "amostra" para fazê-lo pensar sobre suas próprias competências:

- Você costuma estar consciente de seus sentimentos e por que se sente assim?
- Você está consciente de suas limitações, bem como de suas forças pessoais, como um líder?
- Você consegue lidar bem com suas emoções negativas — por exemplo, recuperar-se rapidamente quando fica contrariado ou tenso?
- Você consegue se adaptar facilmente a realidades em mudança?
- Você mantém o foco em seus objetivos principais e conhece os passos necessários para chegar lá?
- Você normalmente consegue perceber os sentimentos das pessoas com quem interage e entender suas formas de ver as coisas?
- Você possui um dom para a persuasão e para usar sua influência com eficácia?
- Você consegue conduzir uma negociação a um acordo satisfatório e ajudar a dirimir conflitos?
- Você trabalha bem em equipe ou prefere trabalhar sozinho?

E a boa notícia: as competências de inteligência emocional podem ser aperfeiçoadas.

Liderança que traz resultados

Publicado originalmente na
Harvard Business Review, março de 2000

Faça a qualquer grupo de homens de negócios a pergunta "O que fazem os líderes eficazes?" e você ouvirá uma série de respostas: líderes definem estratégias; eles motivam; eles criam uma missão; eles desenvolvem uma cultura.

Depois pergunte: "O que os líderes deveriam fazer?" Se o grupo for experiente, você provavelmente ouvirá uma só resposta: o papel singular do líder é obter resultados.

Mas como? O mistério do que os líderes podem e deveriam fazer para gerar o melhor desempenho de seu pessoal é milenar. Mesmo assim, a liderança eficaz elude muitas pessoas e organizações. Uma razão é que, até recentemente, nenhuma pesquisa quantitativa demonstrou quais comportamentos de liderança precisos geram resultados positivos.

Os especialistas em liderança dão conselhos baseados na inferência, experiência e instinto. Às vezes esses conselhos acertam o alvo; outras vezes, não.

Uma pesquisa da consultoria Hay/McBer, baseada em uma amostra aleatória de 3.871 executivos selecionados de um banco de dados de mais de 20 mil executivos do mundo inteiro, elimina grande parte do mistério da liderança eficaz. A pesquisa descobriu seis estilos de liderança distintos, cada um resultando de um componente diferente da inteligência emocional. Os estilos, tomados individualmente, parecem ter um impacto direto e único na atmosfera de trabalho de uma empresa, divisão ou equipe, e por sua vez em seu desempenho financeiro. E talvez mais importante, a pesquisa indica que líderes com os melhores resultados não dependem de um único estilo de liderança. Eles usam muitos, ou a maioria, em uma determinada semana — de forma consistente e em diferentes graus —, dependendo da situação empresarial.

Imagine os estilos, então, como o conjunto de tacos na bolsa de um jogador profissional de golfe. No decorrer de uma partida, o jogador escolhe e pega os tacos baseado nas exigências da tacada. Às vezes precisa refletir em sua escolha, mas normalmente ela é automática. O jogador sente o desafio à frente, rapidamente apanha a ferramenta certa e elegantemente a põe em ação. É assim que líderes de alto impacto operam também.

Quais são os seis estilos de liderança? Cada estilo, só pelo nome e breve descrição, será provavelmente familiar a qualquer um que lidere, é liderado ou, como ocorre com a maioria de nós, faz as duas coisas. Líderes autoritários mobilizam pessoas rumo a uma visão. Líderes afiliativos criam vínculos emocionais e harmonia. Líderes democráticos obtêm consenso pela participação. Líderes marcadores de ritmo esperam excelência e autodireção. Líderes coach desenvolvem pessoas para o futuro. E líderes coercivos exigem o cumprimento imediato.

Feche os olhos e você com certeza conseguirá imaginar um colega que usa qualquer um desses estilos. Você próprio provavelmente usa ao menos um. A novidade desta pesquisa, então, são suas implicações para a ação. Primeiro, ela oferece uma compreensão detalhada de como diferentes estilos de liderança afetam o desempenho e os resultados. Segundo, oferece uma orientação clara sobre quando um gerente deveria trocar os estilos. Além disso, sugere fortemente que a flexibilidade de troca é aconselhável. Nova, também, é a descoberta da pesquisa de que cada estilo de liderança resulta de componentes diferentes da inteligência emocional.

■ MEDIÇÃO DO IMPACTO DA LIDERANÇA

O falecido David McClelland, um eminente psicólogo da Universidade de Harvard, descobriu que líderes com força numa massa crítica de seis ou mais competências de inteligência emocional eram bem mais eficazes do que colegas carentes daquelas forças. Por exemplo, ao analisar o desempenho de chefes de divisão numa multinacional de alimentos e bebidas, descobriu que, dentre os líderes com essa massa crítica de competência, 87 por cento se situavam no terço superior em termos de bônus salariais anuais baseados no desempenho da empresa. Mais revelador, suas divisões superavam as metas de receita anual em média entre 15 a 20 por cento.

Os executivos que careciam de inteligência emocional raramente eram classificados como excepcionais em suas avaliações de desempenho anuais, e suas divisões tiveram um desempenho quase 20 por cento abaixo da meta. A pesquisa de estilos de liderança procurou obter uma visão mais molecular dos vínculos entre liderança e inteligência emocional, e entre clima e desempenho. Uma equipe de colegas da McClelland, encabeçada por Mary Fontaine e Ruth Jacobs, do que agora é o McClelland Institute no escritório de Boston do Hay Group, observou milhares de executivos ou estudou dados sobre eles, notando comportamentos específicos e seu impacto sobre o clima no ambiente de trabalho.

Como cada indivíduo motivava seus subordinados diretos? Gerenciava as iniciativas de mudança? Lidava com crises? Foi uma fase posterior da pesquisa que identificou como capacidades de inteligência emocional determinam os seis estilos de liderança. Como ele se classifica em termos de autocontrole e habilidade social? Um líder mostra níveis altos ou baixos de empatia? A equipe testou a esfera de influência imediata de cada executivo em relação a seu clima.

"Clima" não é um termo amorfo. Definido pela primeira vez pelos psicólogos George Litwin e Richard Stringer e mais tarde aprimorado por McClelland e seus colegas, refere-se aos seis fatores-chave que influenciam o ambiente de trabalho de uma organização: sua flexibilidade — ou seja, quão livres os funcionários se sentem para inovar sem serem impedidos pela burocracia; sua sensação de responsabilidade com a organização; o nível dos padrões que as pessoas adotam; a sensação de precisão sobre o feedback de desempenho e adequação das recompensas; a clareza das pessoas sobre missão e valores; e finalmente o nível de compromisso com um propósito comum. Todos os seis estilos de liderança possuem um efeito mensurável sobre cada aspecto do clima.

Além disso, quando a equipe examinou o impacto do clima sobre os resultados financeiros — como retorno sobre vendas, crescimento da receita, eficiência e rentabilidade — descobriu uma correlação direta entre ambos. Líderes que usavam estilos que afetavam o clima de forma positiva tinham decididamente melhores resultados financeiros do que aqueles que não usavam. Isso não significa que o clima organizacional seja o único propulsor do desempenho. As condições econômicas e a dinâmica competitiva têm grande importância. Mas essa análise sugere fortemente que o clima é responsável por quase um terço dos resultados. E isso é um impacto grande demais para ser ignorado.

Os executivos usam seis principais estilos de liderança, mas apenas quatro dos seis exercem sistematicamente um efeito positivo sobre o clima e os resultados. Vejamos cada estilo de liderança em detalhes, começando pelo Estilo Autoritário (ou Visionário).

■ O ESTILO AUTORITÁRIO

Tom era vice-presidente de marketing de uma rede nacional de pizzaria que não ia bem das pernas. Desnecessário dizer, o fraco desempenho da empresa preocupava os gerentes seniores, mas eles não sabiam o que fazer. Todas as segundas-feiras, reuniam-se para examinar as vendas recentes, lutando para achar soluções. Para Tom, a abordagem não fazia sentido. "Estávamos sempre tentando descobrir por que nossas vendas tinham sido baixas na semana anterior. Tínhamos a empresa inteira olhando para trás, em vez de descobrir o que teríamos de fazer amanhã."

Tom viu uma oportunidade de mudar a forma de pensar das pessoas durante uma reunião de estratégia fora da sede. Ali, a conversa começou com velhos clichês: a empresa tinha de aumentar a riqueza dos acionistas e o retorno sobre os ativos. Tom acreditava que aqueles conceitos não tinham o poder de inspirar um gerente de restaurante a ser inovador ou a realizar um serviço além do razoável.

Então Tom tomou uma atitude ousada. No decorrer de uma reunião, fez um apelo veemente aos seus colegas para pensarem pela perspectiva do cliente. Os clientes querem conveniência, ele disse. A empresa não estava no ramo dos restaurantes, estava no ramo de entrega de pizzas de alta qualidade e fáceis de comprar. Essa ideia e nada mais deveria guiar tudo o que a empresa fazia.

Com seu entusiasmo vibrante e visão clara — típicos do estilo autoritário —, Tom preencheu um vazio de liderança na empresa. De fato, seu conceito tornou-se o núcleo da nova declaração de missão. Mas aquele passo conceitual era apenas o começo. Tom assegurou-se de que a declaração de missão estivesse embutida no processo de planejamento estratégico da empresa como o designado propulsor do crescimento. E assegurou que a visão fosse enunciada de modo que os gerentes dos restaurantes locais entendessem que eles eram a chave para o sucesso da empresa e estavam livres para achar novos meios de distribuir pizzas.

As mudanças vieram rapidamente. Em poucas semanas, muitos gerentes locais começaram a estabelecer prazos mais rápidos para a entrega da pizza. Ainda melhor, passaram a agir como empresários, encontrando locais engenhosos para abrir novas filiais: quiosques em esquinas movimentadas e estações de ônibus e trem, até carrinhos em aeroportos e saguões de hotéis.

O sucesso de Tom não foi por acaso. A pesquisa indica que dos seis estilos de liderança, o autoritário é o mais eficaz, melhorando cada aspecto do clima. Tomemos a clareza. O líder autoritário é um visionário; ele motiva as pessoas ao deixar claro como o trabalho delas se enquadra numa visão maior para a organização. Pessoas que trabalham para tais líderes entendem que o que fazem importa e por quê.

A liderança autoritária também maximiza o compromisso com as metas e a estratégia da organização. Ao enquadrar as tarefas individuais dentro de uma visão maior, o líder autoritário define padrões que giram em torno dessa visão. Ao fornecer feedback de desempenho — quer positivo ou negativo —, o critério singular é se aquele desempenho ajuda ou não no progresso da visão. Os padrões para o sucesso são claros a todos, assim como as recompensas.

Finalmente, vejamos o impacto do estilo sobre a flexibilidade. Um líder autoritário estabelece o fim, mas geralmente fornece às pessoas bastante liberdade para conceberem seus próprios meios. Líderes autoritários dão às pessoas liberdade para inovarem, experimentarem e correrem riscos calculados. Devido ao seu impacto positivo, o estilo autoritário funciona bem em quase todas as situações empresariais. Mas é particularmente eficaz quando uma empresa está à deriva. Um líder autoritário traça um rumo novo e vende ao seu pessoal uma renovada visão de longo prazo.

O estilo autoritário, por mais poderoso que possa ser, não funcionará em todas as situações. A abordagem falha, por exemplo, quando um líder está trabalhando com uma equipe de especialistas ou colegas que são mais experientes do que ele. Eles podem ver o líder como pretensioso ou fora de sintonia. Outra limitação: se um gerente que tenta ser autoritário torna-se dominador, ele pode destruir o espírito igualitário de uma equipe eficaz. No entanto, mesmo com esses riscos, os líderes fariam bem em recorrer ao "clube" autoritário com certa frequência. Pode não garantir um acerto na primeira tacada, mas certamente ajuda.

■ O ESTILO COACHING

Uma unidade de produtos de uma multinacional de computadores viu suas vendas despencarem do dobro para a metade das vendas dos concorrentes. Assim, Lawrence, o presidente da divisão industrial, decidiu fechar a unidade e redistribuir seu pessoal e produtos. Ao saber da novidade, James, o chefe da unidade condenada, decidiu passar por cima de seu chefe imediato e defender sua unidade junto ao CEO.

O que fez Lawrence? Em vez de se irritar com James, sentou-se com seu subordinado rebelde e conversou não apenas sobre a decisão de fechar a divisão, mas também sobre o futuro de James. Explicou a James como a mudança para outra divisão o ajudaria a desenvolver novas habilidades. Faria dele um líder melhor e ensinaria mais sobre o negócio da empresa. Lawrence agiu mais como um conselheiro do que como um chefe tradicional.

Ele ouviu as preocupações e esperanças de James e compartilhou suas próprias. Disse que acreditava que James estava estagnado em seu cargo atual. Afinal, era o único lugar no qual havia trabalhado na empresa. Previu que James floresceria em um novo cargo. A conversa então tomou um rumo prático. James ainda não tivera sua reunião com o CEO — que impulsivamente solicitara ao ser informado do fechamento de sua divisão.

Sabendo disso — e tendo conhecimento que o CEO apoiava incondicionalmente o fechamento — Lawrence dedicou algum tempo a instruir James sobre como apresentar seu argumento naquela reunião. "Não é fácil conseguir uma audiência com o CEO", ele observou, "portanto vamos ter certeza de que você o impressionará com suas considerações".

Ele aconselhou James a não defender seu caso pessoal, mas enfocar a unidade de negócios: "Se ele achar que você está ali por sua própria glória, o botará para fora mais rápido do que você atravessou aquela porta." E insistiu que expusesse suas ideias por escrito. O CEO sempre apreciava.

A razão para Lawrence orientar em vez de repreender? "James é um bom sujeito, muito talentoso e promissor", o executivo nos explicou, "e não quero que esse episódio arruíne sua carreira. Quero que ele permaneça na empresa, quero que se desenvolva, quero que aprenda, quero que se beneficie e cresça. O fato de ter cometido um erro não significa que ele seja terrível".

As ações de Lawrence ilustram perfeitamente o estilo coaching. Os líderes assim ajudam os funcionários a identificarem suas forças e fraquezas únicas e as vinculam às suas aspirações pessoais e de carreira. Encorajam os funcionários a criarem metas de desenvolvimento de longo prazo e os ajudam a conceber um plano para atingi-las. Fazem acordos com seus funcionários sobre seus papéis e responsabilidades em cumprir planos de desenvolvimento e dão instruções e feedback abundantes.

O líder coach se distingue em delegar. Dão aos funcionários tarefas desafiadoras, ainda que signifique que estas não serão realizadas rapidamente. Em outras palavras, esses líderes estão dispostos a suportar o fracasso a curto prazo se isso estimula o aprendizado a longo prazo.

Dos seis estilos, nossa pesquisa constatou que o líder coach é usado com menos frequência. Muitos líderes nos contaram que não têm tempo, nesta economia de alta pressão, para o trabalho lento e tedioso de ensinar as pessoas e ajudá-las a crescerem. Mas após uma primeira sessão, requer pouco ou nenhum tempo extra. Líderes que ignoram esse estilo estão abrindo mão de uma ferramenta poderosa. Seu impacto sobre o clima e o desempenho é notoriamente positivo.

Admitamos que existe um paradoxo no efeito positivo do coaching sobre o desempenho da empresa, porque este enfoca basicamente o desenvolvimento pessoal, não as tarefas imediatas ligadas ao trabalho. Mesmo assim, o coaching melhora os resultados. A razão: requer um diálogo constante, e esse diálogo tem o poder de incrementar tudo o que melhora o clima. Tomemos a flexibilidade, por exemplo. Quando um funcionário sabe que seu chefe o observa e se importa com o que ele faz, sente-se livre para experimentar. Afinal, tem certeza de que obterá um feedback rápido e construtivo.

De forma semelhante, o diálogo permanente do coaching garante que as pessoas saibam o que se espera delas e como seu trabalho se enquadra numa visão ou estratégia maior. Isso afeta a responsabilidade e clareza. O coaching também ajuda no comprometimento, porque a mensagem implícita do estilo é: "Acredito em você, estou investindo em você e espero seus melhores esforços." Os funcionários muitas vezes se mostram à altura do desafio com seus corações, mentes e almas.

O estilo coaching funciona bem em muitas situações de negócios, mas talvez seja mais eficaz quando as pessoas na extremidade receptora estão "preparadas para ele". Por exemplo, o estilo coaching funciona particularmente bem quando os funcionários já estão conscientes de suas fraquezas e gostariam de melhorar seu desempenho. De forma semelhante, o estilo funciona bem quando os funcionários percebem como cultivar novas habilidades pode ajudá-los a progredir. Em suma, funciona melhor com funcionários que querem ser orientados.

Por outro lado, o estilo coaching faz pouco sentido quando os funcionários, por algum motivo, são resistentes ao aprendizado ou a mudar seus hábitos. E falha se falta ao líder a experiência para ajudar os funcionários. O fato é que muitos gerentes não estão familiarizados ou simplesmente são ineptos com o coaching, particularmente quando se trata de dar permanente feedback de desempenho que motive em vez de criar medo ou apatia.

Algumas empresas perceberam o impacto positivo do estilo e estão tentando fazer dele uma competência básica. Em algumas empresas, uma parte significativa dos bônus anuais está vinculada ao desenvolvimento pelo executivo de seus subordinados diretos. Mas muitas organizações ainda não se beneficiaram plenamente desse estilo de liderança. Embora o estilo coaching possa não apregoar "lucros financeiros", ele os produz.

O ESTILO AFILIATIVO

Se o líder autoritário encoraja "Venham comigo", o líder afiliativo diz "As pessoas vêm em primeiro lugar". Esse estilo de liderança gira em torno das pessoas — seus proponentes valorizam os indivíduos e suas emoções, mais do que as tarefas e metas. O líder afiliativo esforça-se para manter os funcionários contentes e criar harmonia entre eles. Ele gerencia desenvolvendo fortes vínculos emocionais e depois colhendo o benefício de tal abordagem; ou seja, a fidelidade extrema.

O estilo também tem um efeito notadamente positivo nas comunicações. Pessoas que gostam umas das outras conversam muito. Elas compartilham ideias. Elas compartilham inspiração. E o estilo aumenta a flexibilidade: amigos confiam uns nos outros, permitindo a inovação habitual e a tomada de riscos. A flexibilidade também aumenta porque o líder afiliativo, como um pai que ajusta as regras de casa para um adolescente em amadurecimento, não impõe regulamentos desnecessários sobre como os funcionários realizam seu trabalho. Ele dá às pessoas liberdade para realizarem seu serviço da forma que consideram mais eficaz.

O líder afiliativo oferece amplo feedback positivo, proporcionando uma sensação de reconhecimento e recompensa pelo trabalho bem-feito. Tal feedback tem um potencial especial no local de trabalho por ser tão raro: afora uma avaliação anual, a maioria das pessoas costuma não receber nenhum feedback sobre seus esforços do dia a dia — ou somente feedback negativo. Isso torna as palavras positivas do líder afiliativo ainda mais motivadoras.

Finalmente, os líderes afiliativos são mestres em desenvolver uma sensação de pertencimento. Eles tendem, por exemplo, a convidar seus subordinados diretos para uma refeição ou um drinque fora, um por um, para ver como estão se saindo. Trarão um bolo para celebrar a realização do grupo. São construtores naturais de relacionamentos.

Joe Torre, em certa época o coração e alma dos New York Yankees, foi um clássico líder afiliativo. Durante a World Series de 1999, Torre cuidou habilmente da psique de seus jogadores ao suportarem as pressões emocionais de um final de campeonato. Durante toda a temporada, fez questão de elogiar Scott Brosius, cujo pai falecera durante a temporada, por conservar seu empenho mesmo estando de luto.

Na festa de comemoração após a partida final do time, Torre especificamente procurou o *right fielder* Paul O'Neill. Embora tivesse recebido a notícia da morte do pai naquela manhã, O'Neill resolveu jogar a partida decisiva — e irrompeu em lágrimas no momento em que ela terminou. Torre fez questão de reconhecer a luta pessoal de O'Neill, chamando-o de "guerreiro". Torre também aproveitou a visibilidade da festa da vitória para elogiar dois jogadores cujo retorno no ano seguinte estava ameaçado por disputas contratuais. Ao fazê-lo, enviou uma mensagem clara à equipe e ao proprietário do clube de que valorizava imensamente os jogadores — a ponto de não querer perdê-los.

Além de cuidar das emoções de seu pessoal, um líder afiliativo também pode expor suas próprias emoções abertamente. No ano em que seu irmão estava perto da morte aguardando um transplante do coração, Torre compartilhou suas preocupações com seus jogadores. Ele também falou francamente com o time sobre seu tratamento de câncer de próstata. O impacto geralmente positivo do estilo afiliativo faz dele uma boa abordagem para todas as ocasiões, mas os líderes o deveriam empregar particularmente ao tentarem desenvolver a harmonia da equipe, aumentar o moral, melhorar o diálogo ou reestabelecer a confiança perdida.

Por exemplo, uma executiva foi contratada para substituir um líder de equipe insensível. O líder anterior assumia o mérito pelo trabalho de seus funcionários e tentava jogar uns contra os outros. Seus esforços acabaram falhando, mas a equipe que ele deixou para trás era desconfiada e temerosa. A nova executiva conseguiu emendar a situação, demonstrando honestidade emocional e reconstruindo os vínculos. Meses depois, sua liderança havia criado uma sensação renovada de comprometimento e energia.

Apesar de seus benefícios, o estilo afiliativo não deve ser usado sozinho. Seu foco exclusivo no elogio pode impedir que o mau desempenho seja corrigido. Os funcionários podem perceber que a mediocridade é tolerada. E como os líderes afiliativos raramente oferecem conselhos construtivos sobre como melhorarem, os funcionários precisam descobrir isso sozinhos. Quando as pessoas precisam de diretrizes claras para navegar por mudanças complexas, o estilo afiliativo as deixa à deriva.

De fato, caso se confie demais nele, esse estilo pode conduzir um grupo ao fracasso. Talvez por isso muitos líderes afiliativos, inclusive Torre, usam esse estilo conjuntamente com o estilo autoritário. Líderes autoritários enunciam uma visão, definem padrões e informam às pessoas como seu trabalho está promovendo as metas do grupo. Alterne isso com a abordagem compassiva, protetora, do líder afiliativo, e você vai dispor de uma combinação potente.

■ O ESTILO DEMOCRÁTICO

Irmã Mary administrava um sistema escolar católico em uma grande área metropolitana. Uma das escolas — a única escola privada num bairro pobre — vinha perdendo dinheiro havia anos, e a arquidiocese não tinha mais condições de mantê-la funcionando. Quando irmã Mary enfim recebeu a ordem de fechá-la, não trancou simplesmente as portas.

Ela convocou uma reunião de todos os professores e funcionários da escola e explicou os detalhes da crise financeira — a primeira vez em que alguém que trabalhava na escola foi envolvido no lado financeiro da instituição. Pediu suas ideias sobre meios de manter a escola aberta e como lidar com seu fechamento, caso fosse inevitável. Irmã Mary passou grande parte da reunião apenas escutando. Ela fez o mesmo em reuniões posteriores com os pais dos alunos e a comunidade e durante uma série sucessiva de reuniões com os professores e funcionários da escola.

Após dois meses de reuniões, chegou-se ao seguinte consenso: a escola teria de fechar as portas. Um plano foi elaborado a fim de transferir os alunos para outras escolas do sistema católico. O resultado final não foi diferente de se irmã Mary tivesse ido em frente e fechado a escola assim que recebeu a ordem. Mas ao permitir que os envolvidos na escola chegassem àquela decisão coletivamente, irmã Mary evitou as reações adversas que teriam acompanhado o fechamento. As pessoas lamentaram a perda da escola, mas entenderam sua inevitabilidade. Praticamente ninguém objetou.

Comparemos esse caso com as experiências de um sacerdote de nossa pesquisa que dirigia outra escola católica. Ele também recebeu ordens de fechá-la. Foi o que fez — por decreto. O resultado foi desastroso: os pais entraram na justiça, professores e pais organizaram piquetes, e os jornais locais publicaram editoriais atacando a decisão. Decorreu um ano até que resolvesse os litígios e pudesse enfim ir em frente e fechar a escola.

Irmã Mary exemplifica o estilo democrático e seus benefícios em ação. Ao dedicar tempo para ouvir as ideias e obter a adesão das pessoas, um líder desenvolve confiança, respeito e compromisso. Ao deixar que os próprios trabalhadores tenham influência nas decisões que afetam suas metas e como realizam o trabalho, o líder democrático aumenta a flexibilidade e responsabilidade. E ao ouvir as preocupações dos funcionários, o líder democrático aprende o que fazer para manter o moral elevado. Finalmente, por terem influência na definição de suas metas e dos padrões para avaliar o sucesso, as pessoas num sistema democrático tendem a ser bem realistas sobre o que pode ou não ser alcançado.

Contudo, o estilo democrático tem suas desvantagens, daí seu impacto sobre o clima organizacional não ser tão bom como o de alguns dos outros estilos. Uma de suas consequências mais exasperantes podem ser reuniões incessantes nas quais ideias são remoídas, o consenso permanece vago e o único resultado visível é a marcação de novas reuniões. Alguns líderes democráticos usam o estilo para protelar decisões cruciais, esperando que discussões suficientes acabem gerando um insight maravilhoso. Na realidade, seu pessoal acaba ficando confuso e desnorteado. Essa abordagem pode até agravar conflitos.

Quando o estilo funciona melhor? Essa abordagem é ideal quando o próprio líder está inseguro quanto à melhor direção a tomar e precisa de ideias e orientação de funcionários capazes. E ainda que um líder tenha uma visão forte, o estilo democrático funciona bem para gerar ideias novas para executar essa visão. Claro que o estilo democrático faz bem menos sentido quando os funcionários não são suficientemente competentes ou informados para oferecer conselhos sensatos. E nem é preciso dizer que em tempos de crise a obtenção de consenso é um equívoco.

Vejamos o caso de um CEO cuja empresa de computadores foi gravemente ameaçada por mudanças no mercado. Ele sempre buscou o consenso sobre o que fazer. À medida que os concorrentes roubavam clientes e as necessidades dos clientes mudavam, ele nomeava comissões para examinarem a situação. Quando o mercado deu uma súbita guinada devido a uma tecnologia nova, o CEO ficou paralisado.

O conselho diretor o substituiu antes que pudesse nomear mais uma força-tarefa para examinar a situação. O CEO novo, embora ocasionalmente democrático e afiliativo, recorreu fortemente ao estilo autoritário, especialmente em seus primeiros meses.

■ O ESTILO MARCADOR DE RITMO

O estilo marcador de ritmo tem seu lugar no repertório do líder, mas deve ser usado com parcimônia. Não era isso que esperávamos encontrar. Afinal, os atributos do estilo marcador de ritmo pareciam admiráveis. O líder fixa padrões de desempenho extremamente altos e os exemplifica pessoalmente. Ele é obcecado em fazer as coisas melhor e mais rápido, e pede o mesmo a todos à sua volta. Rapidamente aponta o mau desempenho e exige mais dos funcionários. Se eles não correspondem às expectativas, são substituídos por pessoas que correspondam.

Você pensaria que tal abordagem melhoraria os resultados, mas não é o que acontece. Na verdade, o estilo marcador de ritmo destrói o clima. Muitos funcionários se sentem esmagados pelas exigências de excelência do marcador de ritmo, e seu moral cai. As diretrizes do trabalho podem estar claras na cabeça do líder, mas ele não as enuncia claramente, espera que as pessoas saibam o que fazer e até pensa: "Se eu tenho que explicar, você é a pessoa errada para o serviço."

O trabalho não consiste em dar o melhor de si ao longo de um caminho claro, e sim em adivinhar o que o líder quer. Ao mesmo tempo, as pessoas muitas vezes sentem que o marcador de ritmo não tem confiança para deixar que trabalhem da sua própria maneira ou tomem iniciativas. A flexibilidade e responsabilidade evaporam. O trabalho fica tão voltado às tarefas e marcado pela rotina que se torna tedioso. Quanto às recompensas, o marcador de ritmo não dá feedback sobre o desempenho das pessoas e intervém para assumir o controle quando acha que estão ficando para trás. E se o líder tiver de se afastar, as pessoas se sentem perdidas, pois estão acostumadas com "o expert" definindo as regras. Finalmente, o empenho cai sob o regime de um líder marcador de ritmo, porque as pessoas não têm noção de como seus esforços pessoais se encaixam no quadro mais amplo.

Para um exemplo do estilo marcador de ritmo, vejamos o caso de Sam, um bioquímico na P&D de uma grande empresa farmacêutica. Os excelentes conhecimentos técnicos de Sam fizeram dele um astro prematuro: era a ele que todos recorriam quando precisavam de ajuda. Ele logo foi promovido a chefe de uma equipe que estava desenvolvendo um produto novo. Os outros cientistas da equipe eram tão competentes e motivados quanto Sam. Seu papel como líder da equipe passou a ser o de se oferecer como modelo de como fazer um trabalho científico de primeira classe sob a pressão de prazos apertados, entrando em ação quando necessário. Sua equipe completou a tarefa em tempo recorde.

Mas então surgiu uma nova atribuição: Sam foi posto no comando da P&D de sua divisão inteira. Como suas tarefas se expandiram e ele teve de enunciar uma visão, coordenar projetos, delegar responsabilidades e ajudar a desenvolver outros, Sam começou a falhar. Desconfiando de que seus subordinados não eram tão capazes quanto ele, tornou-se um microgerente, obcecado com os detalhes e fazendo o trabalho dos outros quando o desempenho da equipe caía. Em vez de confiar que pudessem melhorar com orientação e desenvolvimento, Sam viu-se trabalhando noites e fins de semana após intervir para dar cobertura ao chefe de uma equipe de pesquisa em apuros. Finalmente, seu próprio chefe sugeriu, para seu alívio, que ele retornasse ao antigo cargo de chefe de uma equipe de desenvolvimento.

Apesar do fracasso de Sam, o estilo marcador de ritmo nem sempre é um desastre. A abordagem funciona bem quando todos os funcionários estão motivados, são altamente competentes e precisam de pouca orientação ou coordenação — por exemplo, pode funcionar com líderes de profissionais altamente qualificados e motivados, como grupos de P&D ou equipes de advogados. E, dada uma equipe talentosa por liderar, a marcação de ritmo faz exatamente isto: garante que o trabalho seja realizado dentro do prazo ou mesmo antes. Porém, como qualquer estilo de liderança, a marcação de ritmo nunca deveria ser usada sozinha.

■ O ESTILO COERCIVO

Uma empresa de informática estava em crise: suas vendas e lucros despencavam, suas ações perdiam valor abruptamente e seus acionistas estavam em polvorosa. O conselho diretor trouxe um novo CEO com a reputação de ser um artista da reviravolta. Ele começou a trabalhar cortando cargos, desfazendo-se de divisões e tomando as decisões duras que deveriam ter sido executadas anos antes. A empresa se salvou, ao menos no curto prazo. Desde o princípio, porém, o CEO criou um reinado do terror, intimidando e humilhando seus executivos, apregoando sua insatisfação ao menor deslize. Os altos escalões da empresa foram dizimados não apenas por suas demissões arbitrárias, mas também por deserções. Os subordinados diretos do CEO, assustados com sua tendência de culpar o portador de más notícias, pararam de trazer quaisquer notícias para ele. O moral atingiu seu ponto mais baixo — fato refletido em outra retração da empresa após a recuperação de curto prazo. O CEO acabou sendo demitido pela diretoria.

É fácil entender por que, dentre todos os estilos de liderança, o coercivo é o menos eficaz na maioria das situações. Considere o que o estilo faz para o clima de uma organização. A flexibilidade é a mais atingida. A tomada de decisões extrema do líder de cima para baixo mata novas ideias na raiz. As pessoas se sentem tão desrespeitadas que pensam: "Não vou nem mencionar minhas ideias, vão ser rechaçadas." De forma semelhante, o senso de responsabilidade das pessoas evapora: incapazes de agir por iniciativa própria, perdem o espírito de participação e sentem-se pouco responsáveis por seu desempenho. Algumas ficam tão ressentidas que adotam a atitude: "Não vou ajudar este canalha."

A liderança coerciva também tem um efeito prejudicial sobre o sistema de recompensas. A maioria dos funcionários de alto desempenho é motivada por mais do que dinheiro — eles buscam a satisfação do trabalho bem-feito. O estilo coercivo desgasta esse orgulho. E, finalmente, o estilo mina uma das ferramentas principais do líder: motivar as pessoas mostrando como seu trabalho se enquadra na missão compartilhada maior. Tal perda, medida em termos de menor clareza e comprometimento, deixa o indivíduo alienado do próprio trabalho, indagando: "Afinal, o que importa tudo isso?"

Dado o impacto do estilo coercivo, você concluiria que jamais deveria ser aplicado. A pesquisa, porém, descobriu umas poucas ocasiões em que ele funcionou de forma hábil.

Vejamos o caso de um presidente de divisão que foi trazido para mudar o rumo de uma empresa de produtos alimentícios que vinha perdendo dinheiro. Seu primeiro passo foi mandar demolir a sala de reuniões executiva. Para ele, a sala — com sua longa mesa de mármore que parecia "o convés da nave Enterprise" — simbolizava a formalidade ligada à tradição que vinha paralisando a empresa. A destruição da sala, e a mudança subsequente para um ambiente menor, mais informal, transmitiu uma mensagem que ninguém podia ignorar, e a cultura da divisão mudou rapidamente depois.

Dito isso, o estilo coercivo deveria ser usado apenas com extrema cautela e nas poucas situações nas quais é absolutamente imperativo, como durante uma recuperação ou sob a ameaça de uma aquisição hostil. Nesses casos, o estilo coercivo pode romper hábitos empresariais fracassados e dar um choque nas pessoas, induzindo novos modos de trabalhar. Esse estilo é sempre apropriado durante uma emergência genuína, como após um terremoto ou incêndio. E pode funcionar com funcionários problemáticos, com os quais tudo o mais falhou.

Mas se um líder depende somente desse estilo ou continua a usá-lo depois de passada a emergência, o impacto de sua insensibilidade ao moral e sentimentos de seus liderados será desastroso a longo prazo.

■ OS LÍDERES PRECISAM DE VÁRIOS ESTILOS

Muitos estudos, incluindo este, mostraram que quanto mais estilos um líder exibir, melhor. Líderes que dominaram quatro ou mais — especialmente os estilos autoritário, democrático, afiliativo e coaching — conseguem o melhor clima e desempenho empresarial. E os líderes mais eficazes alternam flexivelmente entre os estilos de liderança na medida do necessário. Embora isso possa parecer intimidador, nós o testemunhamos com mais frequência do que você imagina, tanto em grandes corporações como em start-ups minúsculas, entre veteranos experientes capazes de explicar exatamente como e por que lideram e empresários que afirmam liderar somente por instinto.

Tais líderes não adaptam de forma mecânica seu estilo a uma lista de situações — eles são bem mais fluidos. São incrivelmente sensíveis ao impacto que estão tendo sobre os outros e ajustam naturalmente seu estilo para obter os melhores resultados. São líderes capazes, por exemplo, de perceber nos primeiros minutos de conversa que um funcionário talentoso, mas cujo desempenho está fraco, foi desmoralizado por um gerente antipático e mandão e precisa ser lembrado da razão pela qual seu trabalho importa para voltar a se inspirar. Ou esse líder poderia optar por reenergizar o funcionário indagando sobre seus sonhos e suas aspirações e encontrando meios de tornar seu serviço mais desafiador. Ou aquela conversa inicial poderia sinalizar que o funcionário precisa de um ultimato: melhore ou vá embora.

Para um exemplo da liderança fluida na prática, vejamos o caso de Joan, a gerente geral de uma grande divisão de uma multinacional de alimentos e bebidas. Joan foi designada para seu cargo enquanto a divisão passava por grave crise. Há seis anos não atingia suas metas de lucro e no último ano ficara 50 milhões aquém. O moral entre a equipe da alta direção era baixíssimo. A desconfiança e o ressentimento corriam soltos.

A diretiva que Joan recebeu da cúpula foi clara: tirar a divisão do atoleiro. Joan fez isso com uma desenvoltura rara na transição entre os estilos de liderança. Desde o início, percebeu que dispunha de pouco tempo para demonstrar uma liderança eficaz e se entrosar e ganhar confiança. Ela também sabia que precisava urgentemente ser informada do que não vinha funcionando, de modo que sua primeira tarefa foi ouvir as pessoas-chave.

Durante sua primeira semana no cargo, saiu para almoçar ou jantar com cada membro da equipe de gestão. Joan queria ouvir a opinião de cada pessoa sobre a situação vigente. Mas seu foco não era tanto descobrir como cada gerente diagnosticava o problema, mas sim conhecer cada um deles como uma pessoa. Aqui Joan empregou o estilo afiliativo: ela explorou suas vidas, seus sonhos e suas aspirações.

Ela também assumiu o papel de coaching, buscando meios de ajudar os membros da equipe a alcançarem o que queriam em suas carreiras. Por exemplo, um gerente que vinha recebendo feedback de que não sabia trabalhar em equipe confidenciou seus temores. Embora se julgasse um bom membro da equipe, era perseguido por queixas persistentes. Reconhecendo que era um executivo talentoso e um recurso valioso na empresa, Joan fez um acordo com ele de que apontaria (em particular) quando suas ações minavam sua intenção de ser visto como alguém que trabalhava bem em equipe.

Depois daquelas conversas individuais veio um encontro de três dias fora da empresa. Seu objetivo aqui foi o entrosamento da equipe, para que todos assumissem qualquer solução que emergisse para os problemas da empresa. Sua postura inicial na reunião externa foi a de um líder democrático. Ela encorajou todos a expressarem livremente suas frustrações e queixas.

No dia seguinte, Joan fez o grupo se concentrar nas soluções: cada pessoa fez três propostas específicas sobre o que precisava ser feito. Enquanto Joan reunia as sugestões, um consenso natural emergiu sobre prioridades para a empresa, como cortar custos. Quando o grupo propôs planos de ação específicos, Joan obteve o compromisso e a adesão que buscava.

Munida dessa visão, Joan mudou para o estilo autoritário, atribuindo a responsabilidade por cada providência seguinte a executivos específicos e cobrando resultados dessas pessoas. Por exemplo, a divisão vinha reduzindo os preços dos produtos sem aumentar seu volume. Uma solução óbvia seria elevar os preços, mas o vice-presidente de vendas anterior havia hesitado e deixado o problema se agravar. O novo vice-presidente de vendas passou a ficar responsável por ajustar os níveis de preços para corrigir o problema.

Nos meses seguintes, a postura principal de Joan foi autoritária. Ela enunciou continuamente a nova visão do grupo de forma a lembrar cada membro de como seu papel era crucial para alcançar tais metas. E, especialmente durante as primeiras semanas da implementação do plano, Joan sentiu que a gravidade da crise da empresa justificava uma mudança ocasional para o estilo coercivo, caso alguém deixasse de cumprir com sua responsabilidade. Em suas palavras: "Tive de ser brutal nesse acompanhamento e me certificar de que as coisas acontecessem. Era preciso disciplina e foco."

Os resultados? Cada aspecto do clima melhorou. As pessoas estavam inovando. Estavam conversando sobre a visão da divisão e alardeando seu compromisso com metas novas e claras. A prova suprema do estilo de liderança fluido de Joan está no bom resultado financeiro: após apenas sete meses, sua divisão excedeu em 5 milhões de dólares a meta de lucro anual.

■ AMPLIE SEU REPERTÓRIO

Claro que poucos líderes têm todos os seis estilos em seu repertório, e ainda menos sabem quando e como usá-los. Na verdade, quando essas descobertas foram mostradas a líderes em várias organizações, as reações mais comuns foram "Mas eu só tenho dois deles!" e "Não posso usar todos estes estilos. Não seria natural".

Tais sensações são compreensíveis, e em alguns casos o antídoto é relativamente simples: o líder pode montar uma equipe com membros que empreguem estilos que ele não domina. Vejamos o caso de uma vice-presidente de uma empresa manufatureira. Ela administrava com sucesso um sistema industrial multinacional usando basicamente o estilo afiliativo. Estava sempre viajando, encontrando-se como os gerentes das fábricas, cuidando de suas preocupações prementes e deixando claro como se importava com eles pessoalmente.

Ela deixava a estratégia da divisão — eficiência extrema — a cargo de um auxiliar de confiança com uma aguçada compreensão de tecnologia e delegava seus padrões de desempenho a um colega adepto da abordagem autoritária. Ela também tinha um marcador de ritmo em sua equipe que sempre a acompanhava nas visitas às fábricas.

Uma abordagem alternativa, e a que eu mais recomendaria, é os líderes expandirem seus próprios repertórios de estilos. Para isso, os líderes precisam primeiro entender quais competências de inteligência emocional sustentam os estilos de liderança que não possuem. Eles podem então trabalhar assiduamente para aumentar o grau de cada um.

Por exemplo, um líder afiliativo é forte em três competências de inteligência emocional: em empatia, em desenvolver relacionamentos e em comunicação. A empatia — sentir como as pessoas estão se sentindo no momento — permite ao líder afiliativo reagir aos funcionários de forma altamente congruente com as emoções daquela pessoa, o que garante o entrosamento. O líder afiliativo também dispõe de uma facilidade natural em desenvolver novos relacionamentos, travando conhecimento pessoal com alguém e cultivando um vínculo.

Finalmente, o líder afiliativo excepcional dominou a arte da comunicação interpessoal, particularmente em dizer exatamente a coisa certa ou em fazer o gesto simbólico apropriado no momento certo. Assim, se você é basicamente um líder marcador de ritmo que quer ser capaz de usar o estilo afiliativo com mais frequência, terá de melhorar seu nível de empatia e talvez suas habilidades em construir relacionamentos ou se comunicar eficazmente.

Como outro exemplo, um líder autoritário que queira acrescentar o estilo democrático ao seu repertório talvez precise treinar as capacidades de colaboração e comunicação.

Hora após hora, dia após dia, semana após semana, os executivos devem empregar seus estilos de liderança como tacos de golfe: o taco certo na hora certa e na medida certa. A recompensa está nos resultados.

Liderança que traz resultados

ESTILOS DE LIDERANÇA

Estilo de liderança	Como ele repercute	Impacto no clima do escritório	Quando é apropriado
Visionário (Autoritário)	impele as pessoas rumo a sonhos compartilhados	o mais positivo de todos	quando a mudança requer uma visão nova, ou quando um rumo claro é necessário
Coaching	conecta o que a pessoa quer com as metas da equipe	altamente positivo	para ajudar uma pessoa a contribuir mais eficazmente com a equipe
Afiliativo	valoriza as ideias das pessoas e obtém o compromisso pela participação	positivo	para aparar arestas em uma equipe, motivar durante períodos de sucesso ou fortalecer as relações
Democrático	valoriza as contribuições das pessoas e obtém o compromisso pela participação	positivo	para obter adesão ou consenso, ou contribuições valiosas dos membros da equipe
Marcador de ritmo	fixa metas desafiadoras e empolgantes	com frequência altamente negativo, por ser mal executado	para obter resultados de alta qualidade de uma equipe motivada e competente
Autoritário (Coercivo)	alivia o medo ao dar instruções claras em uma emergência	com frequência altamente negativo, por ser mal executado	na crise, para iniciar a recuperação de uma empresa

Pós-escrito
Originalmente publicado no LinkedIn.com

CONECTE-SE COM AQUELES QUE VOCÊ LIDERA

12 de maio de 2013

Você está com sua lista de afazeres urgentes na cabeça e alguém chega e quer bater papo. Pode ser uma interrupção irritante — ou uma chance de mudar a atividade por um momento, realmente se conectar e depois prosseguir.

O caminho que você escolher pode ter grandes implicações em como você lidera. Se você sempre vê a outra pessoa como um estorvo, e nunca faz uma pausa para se conectar, isso pode ser uma pista de que você está preso num modo contraproducente. Chamemos esse modo de "moralmente obrigado".

Ou, digamos, que você esteja com o prazo apertado num projeto e alguém com quem você conta para uma parte dele faz uma contribuição sofrível. É desapontador, com certeza. Mas como você reage? Você pensa no que seria preciso para ajudar tal pessoa a melhorar no futuro? Ou você se concentra no que saiu errado e descarta essa pessoa como um fracasso — alguém com quem não pode mais contar?

Se você sempre adota essa última conduta, concentrando-se nas falhas da pessoa em vez de no seu potencial, está agindo como um perfeccionista.

Esses casos afloraram num workshop que ministrei com minha esposa, Tara Bennett-Goleman. Esses exemplos de liderança foram apresentados por uma coach — ela se denomina "terapeuta organizacional" — que disse: "É realmente útil ter um nome para esses padrões. Assim você sabe onde concentrar o coaching."

Os rótulos de diagnóstico para esses padrões são chamados de "modos" no livro de Tara, o *Mind Whispering* [A mente que sussurra]. Quando estamos no modo "moralmente obrigado", concentramo-nos na realização das tarefas e ignoramos as pessoas à nossa volta. Isso pode ser produtivo no curto prazo, mas se você é um líder e é rígido demais nisso, não conseguirá se conectar com quem lidera. E é apenas se conectando que você consegue orientar, inspirar, ouvir, comunicar, motivar ou influenciar — em outras palavras, liderar.

No modo "perfeccionista", você se fixa nas falhas das pessoas. Líderes perfeccionistas só dão notas ruins — nunca elogiam o bom desempenho. Pesquisas de estilos de liderança constatam que os perfeccionistas (às vezes chamados de "marcadores de ritmo") exercem um impacto negativo no estado emocional e desempenho de seus subordinados diretos.

A boa notícia: os modos podem mudar. Coaches podem ajudar a orientar essa mudança, e líderes altamente motivados a melhorar podem mudar sozinhos.

SOBREVIVENDO A UM CHEFE FDP

11 de junho de 2013

Ter um chefe abusivo é uma das situações mais estressantes. Por exemplo, se for um supervisor que você não pode evitar, além da carga emocional da agressão existe o ônus adicional de se sentir impotente. A longo prazo, essa pode ser a receita para a exaustão emocional e o esgotamento.

Assim, se você não pode mudar a situação, o que pode fazer? Eu recomendo que mude sua reação a ela. Assuma o controle de seu mundo interior.

Isso me recorda uma época em minha própria carreira quando trabalhei numa publicação no qual um novo editor — meu chefe — foi particularmente hostil comigo. Eu não podia mudar o fato de ele ser meu chefe. Mas pude fazer algo em minhas reações.

Eu meditava apenas ocasionalmente. Agora me tornei um meditador sério, praticando 45 minutos todos os dias antes de sair para o trabalho.

Eu sabia que a prática da meditação me ajudaria a lidar com aquele chefe tóxico, por causa das pesquisas que realizara anos antes em Harvard. Eu fizera um estudo fisiológico da meditação como um antídoto à reatividade ao estresse. Descobri que os meditadores, como todo mundo, tinham um salto nos batimentos cardíacos, reação de suor e tudo o mais em resposta ao estresse. Mas eles se recuperavam mais rápido. Essa capacidade de se recuperar rapidamente da excitação do estresse é a chave da resiliência.

Para mim aquilo fez toda a diferença em conseguir realizar bem meu trabalho, mesmo com um chefe ruim. Em vez de minha mente estar preocupada com a ansiedade, eu podia deixar de lado minhas preocupações com o chefe e manter o foco no trabalho que precisava realizar. E aquilo me ajudou a sobreviver até que ele foi promovido — e o departamento inteiro celebrou sua partida.

Liderança primordial: o propulsor oculto do ótimo desempenho

Escrito com Richard Boyatzis e Annie McKee

Publicado originalmente na *Harvard Business Review*, dezembro de 2001

Quando a teoria da inteligência emocional no trabalho começou a receber uma atenção generalizada, com frequência ouvimos executivos dizerem — sucessivamente, veja bem — "Isto é incrível" e "Bem, eu sempre soube disso". Eles estavam reagindo à nossa pesquisa que mostrou um vínculo incontestável entre a maturidade emocional de um executivo, exemplificada por capacidades como autoconsciência e empatia, e seu desempenho financeiro. Em termos simples, a pesquisa mostrou que "sujeitos bons" — ou seja, homens e mulheres emocionalmente inteligentes — chegam na frente.

Recentemente compilamos dois anos de novas pesquisas que suspeitamos despertarão o mesmo tipo de reação. As pessoas primeiro exclamarão "De jeito nenhum", depois rapidamente acrescentarão "Mas é claro". Constatamos que, de todos os elementos que afetam o desempenho financeiro, a importância do humor do líder e seus comportamentos simultâneos é bem surpreendente. Essa dupla poderosa desencadeou uma reação em cadeia: o humor e comportamento do líder determinam o humor e comportamento de todos os outros. Um chefe rabugento e implacável cria uma organização tóxica repleta de funcionários com desempenho inferior que ignoram as oportunidades, e líderes inspiradores e inclusivos geram seguidores para quem qualquer desafio é superável. O elo final na corrente é o desempenho: lucro ou prejuízo.

Nossa observação sobre o impacto esmagador do "estilo emocional" do líder, como o chamamos, não se afasta totalmente de nossas pesquisas da inteligência emocional. Representa, porém, uma análise aprofundada de nossa afirmação anterior de que a inteligência emocional de um líder cria certa cultura ou certo ambiente de trabalho. Nossa pesquisa mostrou que altos níveis de inteligência emocional criam clima no qual a partilha de informações, confiança, tomada de riscos saudável e aprendizado florescem. Níveis baixos de inteligência emocional criam clima de medo e ansiedade. Como funcionários tensos ou atemorizados podem ser muito produtivos no curto prazo, suas organizações podem anunciar bons resultados, mas estes nunca perduram.

Nossa investigação visou em parte examinar como a inteligência emocional impele o desempenho — em particular, como se propaga do líder, através da organização, até os resultados financeiros. "Qual mecanismo", indagamos, "mantém a corrente unida?". Para responder à pergunta, recorremos às pesquisas neurológicas e psicológicas mais recentes. Também nos baseamos em nosso trabalho com líderes empresariais, observações por nossos colegas de centenas de líderes e dados do Hay Group sobre os estilos de liderança de milhares de executivos. A partir desse corpo de pesquisa, descobrimos que a inteligência emocional é transmitida por uma organização como a eletricidade por fios. Para ser mais específico, o humor do líder é literalmente contagioso, transmitindo-se rápida e inexoravelmente pela empresa.

Discutiremos a ciência do contágio do humor de modo mais detalhado adiante, mas primeiro vejamos as implicações principais de nossa descoberta. Se o humor de um líder e os comportamentos resultantes afetam tão fortemente o sucesso empresarial, então a primeira tarefa de um líder — até diríamos sua tarefa principal — é a liderança emocional. Um líder precisa se certificar não apenas de estar regularmente com um humor otimista, autêntico, de alta energia, mas também de que, através das ações que escolhe, seus seguidores se sentem e agem da mesma forma. Gerenciar para os resultados financeiros, então, começa com o líder gerindo sua vida interior de modo a provocar a reação em cadeia emocional e comportamental certa.

Claro que gerir a vida interior não é fácil. Para muitos de nós, é o desafio mais difícil. E aferir precisamente como suas emoções afetam as dos outros pode ser da mesma forma difícil. Conhecemos um CEO, por exemplo, que estava certo de que todos o viam como alto-astral e confiável. Seus subordinados diretos nos contaram que achavam sua alegria forçada, até falsa, e suas decisões instáveis. (Chamamos essa dissociação comum de "doença do CEO".) A implicação é que a liderança primordial exige mais do que mostrar um rosto confiante todo dia. Requer que um executivo avalie, mediante uma análise reflexiva, como sua liderança emocional determina os humores e ações da organização, e então, com a mesma disciplina, ajuste seu comportamento de forma compatível.

Não quer dizer que os líderes não possam ter um dia ou uma semana ruim: isso acontece. E nossa pesquisa não sugere que o bom humor precisa ser eufórico ou ininterrupto — ser otimista, sincero e realista será suficiente. Mas não há como escapar da conclusão de que um líder precisa primeiro atentar para o impacto de seu humor e comportamento antes de passar para seu amplo arsenal de outras responsabilidades críticas. Neste artigo, apresentamos um processo que os executivos podem acompanhar para avaliar como os outros experimentam sua liderança, e analisamos meios de ajustar esse impacto. Mas primeiro veremos por que o humor não costuma ser discutido no local de trabalho, como o cérebro funciona para tornar o humor contagiante e o que você precisa saber sobre a doença do CEO.

■ DE JEITO NENHUM! MAS É CLARO

Quando antes dissemos que as pessoas provavelmente reagirão à nossa nova descoberta dizendo "De jeito nenhum", não estávamos brincando. O fato é que o impacto emocional de um líder quase nunca é discutido no local de trabalho, menos ainda na literatura sobre liderança e desempenho. Para a maioria das pessoas, "humor" soa pessoal demais. Ainda que os americanos possam ser chocantemente sinceros sobre questões pessoais, também são os mais preocupados com questões legais. Nem sequer é permitido perguntar a idade a um candidato a emprego. Assim, uma conversa sobre o humor de um executivo ou o humor que ele cria entre seus funcionários poderia ser interpretada como invasão de privacidade.

Pode ser também que evitemos conversar sobre o estilo emocional de um líder e seu impacto porque, francamente, o tema parece fraco. Qual foi a última vez que você avaliou o humor de uma subordinada como parte da avaliação do desempenho? Você pode ter feito alusão a ele — "Seu trabalho é prejudicado por uma perspectiva geralmente negativa" ou "Seu entusiasmo é tremendo" —, mas é improvável que você tenha mencionado o humor diretamente, ou mesmo discutido seu impacto sobre os resultados da organização.

No entanto, nossa pesquisa sem dúvida despertará uma reação de "Mas é claro" também. Todo mundo sabe como o estado emocional de um líder determina o desempenho, porque todo mundo teve, em algum momento, a experiência inspiradora de trabalhar para um gerente alto-astral ou a experiência devastadora de labutar para um chefe mal-humorado. O primeiro fazia com que tudo parecesse possível, e como resultado metas desafiadoras eram alcançadas, concorrentes eram derrotados e novos clientes eram conquistados. Esse último tornava o trabalho torturante. À sombra do mau humor do chefe, outras partes da organização tornavam-se "o inimigo", colegas passavam a desconfiar uns dos outros e os clientes desapareciam.

Nossa pesquisa, e pesquisas de outros cientistas sociais, confirmam a veracidade dessas experiências. Existem, é claro, casos raros em que um chefe agressivo produz resultados excelentes.

■ CHEFES PERVERSOS QUE SE DÃO BEM

Todo mundo conhece um CEO rude e coercivo que, ao que tudo indica, representa a antítese da inteligência emocional, mas mesmo assim parece obter excelentes resultados para a empresa. Se o humor de um líder é tão importante, como explicar esses FDPs mesquinhos mas bem-sucedidos?

Primeiro, vamos examiná-los mais de perto. O fato de um executivo específico ser o mais visível não significa que realmente lidere a empresa.

Um CEO que dirige um conglomerado pode até nem ter seguidores. São seus chefes de divisão que ativamente lideram as pessoas e afetam a rentabilidade.

Segundo, às vezes um líder FDP tem pontos fortes que contrabalançam sua conduta cáustica, mas estes não chamam tanta atenção na imprensa de negócios. Em seus primórdios como CEO, Jack Welch exibia uma mão forte no comando ao empreender uma recuperação radical da empresa. Naquela época e na situação da empresa de Welch, um estilo de gerenciamento de cima para baixo era apropriado. O que obteve menos cobertura da imprensa foi como Welch depois mudou para um estilo de liderança mais emocionalmente inteligente, especialmente ao enunciar uma visão nova para a empresa e mobilizar as pessoas para segui-la.

Ressalvas à parte, voltemos aos líderes corporativos execráveis que parecem ter alcançado excelentes resultados empresariais apesar de suas abordagens brutais de liderança. Os céticos citam Bill Gates, por exemplo, como um líder que se dá bem com um estilo rude que deveria teoricamente prejudicar sua empresa.

Mas nosso modelo de liderança, que mostra a eficácia de estilos de liderança específicos em situações específicas, enquadra os comportamentos supostamente negativos de Gates a uma luz diferente. Gates é o líder orientado para a realização por excelência, em uma organização que escolheu a dedo pessoas altamente talentosas e motivadas. Seu estilo de liderança aparentemente rude — desafiando de forma aberta os funcionários a superarem seu desempenho passado — pode ser bastante eficaz quando os funcionários são competentes, motivados e precisam de pouca orientação: todas características dos engenheiros da Microsoft.

Em suma, é fácil para um cético negar a importância de líderes que gerenciam seus humores, citando um líder "durão" que obteve bons resultados apesar de sua má conduta. Admitimos que existam exceções à regra e que, em alguns casos específicos, um chefe FDP vai bem. Mas em geral, líderes grosseiros precisam se corrigir, senão seus humores e ações acabarão se virando contra eles.

Os estudos são numerosos demais para mencionar aqui, mas, no todo, mostram que quando o líder está com um humor alegre, as pessoas à sua volta veem tudo a uma luz mais positiva. Isso, por sua vez, deixa-as mais otimistas em relação às suas metas, aumenta sua criatividade e a eficácia de sua tomada de decisões e as predispõe a serem prestativas. Uma pesquisa realizada por Alice Isen, em Cornell, em 1999, constatou que um ambiente otimista promove a eficiência mental, melhorando a capacidade de as pessoas assimilarem e entenderem as informações, usarem regras de decisão em julgamentos complexos e serem flexíveis em seu pensamento. Outra pesquisa vincula diretamente o humor ao desempenho financeiro. Em 1986, Martin Seligman e Peter Schulman, da Universidade da Pensilvânia, demonstraram que corretores de seguros com uma perspectiva de "copo meio cheio" eram bem mais capazes que seus colegas mais pessimistas de persistirem apesar das rejeições, e assim fechavam mais vendas.

Muitos líderes cujos estilos emocionais criam um ambiente disfuncional acabam sendo despedidos. Claro que isso raramente é a razão alegada; os maus resultados costumam ser a razão alegada. Mas não precisa terminar assim. Deste modo, como um mau humor pode ser mudado, a disseminação de sentimentos tóxicos por um líder emocionalmente inepto também pode. Um exame do interior do cérebro explica por que e como.

■ A CIÊNCIA DOS HUMORES

Um corpo cada vez maior de pesquisas sobre o cérebro humano prova que, para o bem ou para o mal, o humor dos líderes afeta as emoções das pessoas à sua volta. O motivo disso está no que os cientistas denominam a natureza de circuito aberto do sistema límbico do cérebro — nosso centro emocional. Um sistema de circuito fechado é autorregulador, enquanto um sistema de circuito aberto depende de fontes externas para se regular. Em outras palavras, dependemos das relações com outras pessoas para determinar nossos humores. O sistema límbico de circuito aberto foi um projeto vitorioso na evolução porque torna as pessoas capazes de socorrer emocionalmente umas às outras — permitindo a uma mãe, por exemplo, tranquilizar seu bebê choroso.

O projeto de circuito aberto serve hoje ao mesmo propósito que milhares de anos atrás. Pesquisas em unidades de tratamento intensivo mostraram, por exemplo, que a presença reconfortante de outra pessoa, além de reduzir a pressão arterial do paciente, também retarda a secreção de ácidos graxos que bloqueiam as artérias. Outro estudo descobriu que três ou mais incidentes de estresse intenso dentro de um mesmo ano (por exemplo, sérios problemas financeiros, ser despedido ou um divórcio) triplicam a taxa de mortalidade em homens de meia-idade que são socialmente isolados, mas não têm impacto na taxa de mortalidade de homens com muitos relacionamentos íntimos.

Os cientistas descrevem o circuito aberto como "regulação límbica interpessoal": uma pessoa transmite sinais capazes de alterar níveis de hormônios, funções cardiovasculares, ritmos de sono, até funções imunológicas dentro do corpo de outra. É assim que casais conseguem desencadear o aumento de oxitocina no cérebro um do outro, criando uma sensação afetuosa agradável. Mas em todos os aspectos da vida social, nossas fisiologias se mesclam. Nosso projeto de circuito aberto do sistema límbico permite que outras pessoas mudem nossa própria fisiologia e, portanto, nossas emoções.

Embora o circuito aberto esteja tão entranhado em nossas vidas, geralmente não percebemos o processo. Cientistas captaram a sintonia das emoções em laboratório medindo a fisiologia — como os batimentos cardíacos — de duas pessoas tendo uma boa conversa. Quando a interação começa, seus corpos operam em ritmos diferentes. Mas após 15 minutos, os perfis fisiológicos de seus corpos ficam bem parecidos.

Pesquisadores observaram repetidas vezes como as emoções se propagam irresistivelmente deste modo sempre que as pessoas estão próximas. Já em 1981, os psicólogos Howard Friedman e Ronald Riggio descobriram que mesmo uma expressividade completamente não verbal pode afetar outras pessoas. Por exemplo, quando três estranhos ficam sentados se olhando mutuamente em silêncio por um ou dois minutos, aqueles dentre os três emocionalmente mais expressivo transmite seu humor aos outros dois — sem uma palavra sequer ser proferida.

O mesmo ocorre no escritório, sala da diretoria ou chão de fábrica. Os membros do grupo inevitavelmente "captam" sentimentos uns dos outros. Em 2000, Caroline Bartel, da Universidade de Nova York, e Richard Saavedra, da Universidade de Michigan, descobriram que, em setenta equipes de trabalho de diversos setores, as pessoas que se reuniam acabavam compartilhando humores — tanto bons como ruins — dentro de duas horas. Um estudo pediu que equipes de enfermeiras e contadores monitorassem seus humores durante algumas semanas. Os pesquisadores descobriram que suas emoções se sincronizavam independentemente dos aborrecimentos compartilhados por cada equipe. Os grupos, portanto, assim como os indivíduos, andam em montanhas-russas emocionais e compartilham tudo, desde ciúme e medo a euforia. Um bom estado de espírito, por sinal, propaga-se mais rápido pelo uso criterioso do humor.

■ SORRIA, E O MUNDO SORRIRÁ COM VOCÊ

Lembra-se do velho clichê? Não está longe da realidade. Como mostramos, o contágio do humor é um fenômeno neurológico real, mas nem todas as emoções se propagam com a mesma facilidade. Um estudo de 1999 conduzido por Sigal Barsade na Yale School of Management demonstrou que, entre grupos trabalhando, a alegria e a cordialidade se propagavam facilmente, enquanto a irritabilidade era menos contagiosa, e a depressão menos ainda.

Não deve surpreender que o riso seja a mais contagiosa das emoções. Ao ouvirmos uma risada, achamos quase impossível não rirmos ou sorrirmos também. Isso porque alguns dos circuitos abertos do cérebro estão projetados para detectar sorrisos e risos, fazendo com que reajamos na mesma moeda. Os cientistas teorizam que essa dinâmica foi embutida em nossos cérebros eras atrás, porque os sorrisos e risos tinham a capacidade de solidificar alianças, ajudando assim na sobrevivência da espécie.

A implicação principal aqui para líderes dedicados à tarefa primordial de gerir seu estado de ânimo e o estado de ânimo dos outros é esta: o bom humor apressa a disseminação de um clima otimista. Mas como o estado de ânimo do líder em geral, o bom humor precisa ressoar com a cultura e a realidade da organização. Sorrisos e risos, nós postularíamos, só são contagiosos quando genuínos.

Humores que começam no alto tendem a se disseminar mais rápido, porque todos observam o chefe. É o chefe quem dá as deixas emocionais. Mesmo quando o chefe não está altamente visível — por exemplo, o CEO que trabalha atrás de portas fechadas num andar superior —, sua atitude afeta o humor de seus subordinados diretos, e um efeito dominó se propaga pela empresa.

■ CHAMEM ESSE CEO DE MÉDICO

Se o humor do líder é tão importante, convém que esteja de bom humor, certo? Sim, mas a resposta completa é mais complicada. O humor de um líder exerce o maior impacto sobre o desempenho quando positivo. Mas também precisa estar afinado com aqueles à sua volta. Chamamos isso de ressonância dinâmica.

Bons humores galvanizam o bom desempenho, mas não faz sentido um líder mostrar uma alegria exagerada se as vendas estão despencando ou os negócios estão em baixa. Os executivos mais eficazes exibem humores e comportamentos compatíveis com a situação vigente, mesclando uma dose saudável de otimismo. Respeitam os sentimentos das outras pessoas — ainda que sejam sombrios ou derrotistas — mas também exibem como é seguir em frente com esperança e humor.

Esse tipo de desempenho, que denominamos ressonância, é para todos os efeitos os quatro componentes da inteligência emocional em ação.

A autoconsciência, talvez a mais essencial das competências da inteligência emocional, é a capacidade de interpretar suas próprias emoções. Permite às pessoas conhecerem suas forças e limitações e se sentirem confiantes em seu valor próprio. Líderes ressonantes usam a autoconsciência para avaliar seus próprios humores de forma precisa, e intuitivamente sabem como estão afetando os outros.

A autogestão é a capacidade de controlar suas emoções e agir com honestidade e integridade, de formas confiáveis e adaptáveis. Líderes ressonantes não deixam que seu mau humor ocasional estrague o dia. Eles usam a autogestão para deixá-lo fora do escritório ou para explicar sua causa às pessoas de forma racional, para que saibam de onde está vindo e quanto tempo pode durar.

A consciência social inclui as capacidades-chave da empatia e intuição organizacional. Executivos socialmente conscientes fazem mais do que sentir as emoções das outras pessoas; eles mostram que se importam. Além disso, são exímios em interpretar as correntes da política do escritório. Assim, líderes ressonantes com frequência entendem muito bem como suas palavras e ações afetam os sentimentos dos outros e são suficientemente sensíveis para mudá-las quando esse impacto é negativo.

A gestão de relacionamentos, a última das competências da inteligência emocional, inclui as capacidades de se comunicar de forma clara e convincente, desarmar conflitos e desenvolver laços pessoais fortes. Líderes ressonantes usam essas habilidades para disseminar seu entusiasmo e resolver desacordos, muitas vezes com humor e gentileza.

Apesar de sua eficácia, a liderança ressonante é rara. A maioria das pessoas sofre com líderes dissonantes cujos humores tóxicos e comportamentos perturbadores causam um estrago, antes que um líder esperançoso e realista corrija a situação.

Vejamos o que aconteceu recentemente em uma divisão experimental da BBC, a gigante da mídia britânica. Embora os cerca de duzentos jornalistas e editores do grupo tivessem dado o melhor de si, a direção executiva decidiu fechar a divisão.

O fechamento em si já foi bem ruim, mas o humor e a conduta brusca e agressiva do executivo enviado para dar a notícia à equipe reunida incitou algo além da frustração prevista. As pessoas ficaram enraivecidas — com a decisão e com o portador da notícia. O mau humor e a comunicação do executivo criaram uma atmosfera tão ameaçadora que ele teve de chamar a segurança para conduzi-lo para fora da sala.

No dia seguinte, outro executivo visitou a mesma equipe. Seu humor foi sombrio e respeitoso, assim como sua conduta. Ele falou sobre a importância do jornalismo para a vitalidade de uma sociedade e a vocação que os havia atraído para aquele campo. Lembrou que ninguém ingressa no jornalismo para enriquecer — como profissão suas finanças sempre foram marginais, a segurança no emprego oscilando com as ondas econômicas maiores. Recordou uma época em sua própria carreira em que havia sido demitido e como batalhara para achar um emprego novo — mas como permanecera dedicado à profissão. Finalmente, desejou-lhes sorte ao prosseguirem com suas carreiras.

A reação do que havia sido uma turba enfurecida no dia anterior? Quando aquele líder ressonante terminou de falar, a equipe o aplaudiu.

Descobrimos que um número alarmante de líderes não sabem realmente se têm ressonância dentro de suas organizações. Pelo contrário, sofrem da doença do CEO. Seu único sintoma desagradável é a ignorância quase total do portador de como seu humor e suas ações aparecem para a organização. Não é que os líderes não liguem para como são percebidos. A maioria se importa. Mas eles incorretamente supõem que conseguem decifrar sozinhos essa informação. Pior, pensam que, se estiverem tendo um efeito negativo, alguém lhes contará. Eles estão errados.

Como um CEO em nossa pesquisa explica: "Com frequência sinto que não estou recebendo a verdade. Não consigo identificar o que é, porque ninguém está mentindo para mim. Mas consigo sentir que as pessoas estão escondendo informações ou camuflando fatos cruciais. Não estão mentindo, mas tampouco estão me contando tudo de que preciso saber. Estou sempre tentando adivinhar."

As pessoas não contam aos líderes a verdade completa sobre seu impacto emocional por vários motivos. Às vezes sentem medo de serem portadoras de más notícias — e serem punidas. Outras sentem que não cabe a elas comentar tais temas pessoais. Ainda outras não percebem que o que querem realmente comentar é o estilo emocional do líder — isso parece vago demais. Qualquer que seja o motivo, o CEO não pode contar com seus seguidores para espontaneamente lhe darem o quadro completo.

■ RESSONÂNCIA EM TEMPOS DE CRISE

Ao falar do humor de um líder, nunca é demais enfatizar a importância da ressonância. Embora nossa pesquisa indique que os líderes deveriam ser geralmente otimistas, seu comportamento deve estar enraizado no realismo, especialmente quando diante de crises.

Vejamos a reação de Bob Mulholland, vice-presidente sênior e chefe do grupo de relacionamento com o cliente da Merrill Lynch, aos ataques terroristas em Nova York. Em 11 de setembro de 2001, Mulholland e sua equipe no Two World Financial Center sentiram o prédio balançar, depois viram fumaça saindo de um enorme buraco no prédio em frente. As pessoas começaram a entrar em pânico. Algumas corriam freneticamente de uma janela à outra. Outras ficaram paralisadas de medo. Aquelas com parentes trabalhando no World Trade Center ficaram apavoradas, temendo pela segurança deles. Mulholland sabia que tinha de agir: "Quando existe uma crise, você tem de mostrar às pessoas o caminho, passo a passo, e se assegurar de que está cuidando de suas preocupações."

Ele começou dando às pessoas as informações necessárias para "descongelarem". Descobriu, por exemplo, em quais andares os parentes dos funcionários trabalhavam e garantiu que tiveram tempo suficiente para escapar. Depois acalmou aqueles acometidos pelo pânico, um de cada vez. "Vamos sair daqui agora", ele disse tranquilamente, "e vocês vêm comigo. Nada de elevador, peguem a escada". Ele permaneceu calmo e decidido, mas sem minimizar as reações emocionais das pessoas. Graças a ele, todos escaparam antes que as torres desabassem.

A liderança de Mulholland não terminou aqui. Reconhecendo que aquele evento afetaria cada cliente pessoalmente, ele e sua equipe conceberam um meio de os consultores financeiros se conectarem com seus clientes no nível emocional. Ligaram a cada cliente para perguntar "Como você está? Sua família está bem? Como está se sentindo?" Como explica Mulholland: "Não era possível retomar as atividades como se nada tivesse acontecido. A prioridade era mostrar a nossos clientes que realmente nos importamos com eles."

Bob Mulholland corajosamente realizou uma das tarefas emocionais mais cruciais da liderança: ajudou seu pessoal e a si mesmo a acharem sentido em face ao caos e loucura. Para isso, primeiro se sintonizou e expressou a realidade emocional compartilhada. Por isso a ordem que acabou enunciando ressonou no nível visceral. Suas palavras e ações refletiram o que as pessoas estavam sentindo nos seus corações.

■ AVALIAÇÃO

O processo de autodescoberta e reinvenção pessoal que recomendamos não é novidade nem brotou da psicologia popular, como tantos programas de autoajuda oferecidos aos executivos atuais. Pelo contrário, baseia-se em três correntes de pesquisas de como os executivos podem melhorar as capacidades de inteligência emocional mais intimamente ligadas à liderança eficaz. Em 1989, Richard Boyatzis começou a recorrer a esse corpo de pesquisas para conceber o próprio processo de cinco passos e, desde então, milhares de executivos o têm usado com sucesso.

Ao contrário de formas mais tradicionais de coaching, nosso processo se baseia na ciência do cérebro. As capacidades emocionais de uma pessoa — a atitude e habilidades com que alguém aborda a vida e o trabalho — não estão geneticamente programadas, como a cor dos olhos ou o tom de pele. Mas em alguns aspectos poderiam se fazer presentes, por estarem tão profundamente entranhadas em nossa neurologia.

As habilidades emocionais de uma pessoa possuem de fato um componente genético. Cientistas descobriram, por exemplo, o gene da timidez — que não é um estado de humor em si, mas pode impelir uma pessoa a uma conduta persistentemente reservada, que pode ser interpretada como um humor "para baixo". Outras pessoas são alegres de forma anormal — ou seja, sua alegria incessante parece anormal até você conhecer seus pais animados. Como explica um executivo: "Tudo que sei é que, desde que eu era bebê, sempre fui feliz. As pessoas não entendem, mas eu não conseguia ficar desanimado mesmo tentando. E meu irmão é exatamente igual. Ele viu o lado positivo da vida mesmo durante seu divórcio."

Ainda que as habilidades emocionais sejam em parte inatas, a experiência desempenha um papel importante em como os genes se exprimem. Um bebê feliz cujos pais morrem ou que sofre agressões físicas pode se tornar um adulto melancólico. Uma criancinha irritada pode virar um adulto alegre após descobrir uma ocupação gratificante. Mesmo assim, pesquisas sugerem que nossa gama de habilidades emocionais está relativamente definida em torno dos 25 anos, e nossos comportamentos resultantes são, a essa altura, hábitos arraigados. E aí está o problema: quanto mais agimos de certo modo — seja de forma feliz, deprimida ou rabugenta —, mais o comportamento se torna arraigado em nossos circuitos cerebrais, e mais continuaremos nos sentindo e agindo daquela forma. Por isso a inteligência emocional importa tanto para um líder. Um líder emocionalmente inteligente consegue monitorar seu humor pela autoconsciência, mudá-lo para melhor pela autogestão, entender seu impacto pela empatia e agir de forma a melhorar o humor dos outros pela gestão dos relacionamentos.

O processo em cinco partes, a seguir, visa reprogramar o cérebro para comportamentos emocionalmente mais inteligentes. O processo começa imaginando seu eu ideal e depois se reconciliando com seu eu real, como os outros o percebem. O próximo passo é criar um plano tático para reduzir a distância entre o ideal e o real, e depois disso praticar essas atividades. Termina criando uma comunidade de colegas e família — chame-os de fiscais da mudança — para manter o processo vivo. Vejamos as etapas em mais detalhes.

"Quem eu desejo ser?" Sofia, gerente sênior de uma empresa de telecomunicações do norte da Europa, sabia que precisava entender como sua liderança emocional afetava os outros. Sempre que estava estressada, tendia a se comunicar mal e a assumir o trabalho dos subordinados para que a tarefa fosse realizada "corretamente". Assistir a seminários de liderança não mudara seus hábitos, nem ler livros de administração ou interagir com mentores.

Quando Sofia recorreu a nós, pedimos que imaginasse a si mesma dentro de oito anos como uma líder eficaz e que escrevesse uma descrição de um dia típico. "O que ela estaria fazendo?", perguntamos. "Onde moraria? Quem estaria lá? Qual seria a sensação?" Insistimos que avaliasse seus valores mais profundos e sonhos mais grandiosos e que explicasse como aqueles ideais haviam se tornado uma parte de sua vida diária.

Sofia retratou-se dirigindo sua própria empresa, que era bem integrada e contava com uma equipe de dez colegas. Desfrutava um relacionamento franco com a filha e tinha relações de confiança com os amigos e colegas de trabalho. Via-se como uma líder e mãe descontraída e contente e uma pessoa carinhosa e fortalecedora com todos à sua volta.

Em geral, Sofia tinha um baixo nível de autoconsciência. Raramente conseguia discernir por que tinha dificuldades no trabalho e em casa. Tudo que conseguia dizer era: "Nada está funcionando direito." Aquele exercício, que a fez imaginar como seria a vida se tudo estivesse dando certo, abriu seus olhos para os elementos faltantes em seu estilo emocional. Ela foi capaz de ver o impacto que exercia nas pessoas em sua vida.

"Quem eu sou agora?" No próximo passo do processo de descoberta, você passa a ver seu estilo de liderança como os outros veem. Isso é difícil e perigoso. Difícil porque poucas pessoas têm coragem de dizer ao chefe ou a um colega como ele realmente é. E perigoso porque tal informação pode ferir ou mesmo paralisar. Uma pitada de ignorância sobre si próprio nem sempre é algo ruim: mecanismos de defesa do ego têm suas vantagens. Uma pesquisa de Martin Seligman mostra que pessoas de alto desempenho geralmente se sentem mais otimistas sobre suas perspectivas e possibilidades do que aquelas de desempenho normal. Suas lentes cor-de-rosa reforçam o entusiasmo e a energia que tornam o inesperado e extraordinário alcançáveis. O dramaturgo Henrik Ibsen chamou essas autoilusões de "mentiras vitais", inverdades tranquilizantes que nos permitimos acreditar a fim de enfrentar um mundo intimidador.

Mas a autoilusão deve vir em doses bem pequenas. Os executivos devem buscar de forma incessante a verdade sobre si mesmos, até porque com certeza estará um tanto diluída quando a ouvirem. Uma forma de obter a verdade é manter uma atitude extremamente aberta em relação às críticas. Outra é buscar feedback negativo, até cultivar um ou dois colegas para desempenharem o papel de advogados do diabo.

Recomendamos fortemente também coletar feedback do máximo de pessoas possível — incluindo chefes, colegas e subordinados. Feedback de subordinados e colegas é especialmente útil, porque prevê com mais precisão a eficácia de um líder daqui a dois, quatro ou mesmo sete anos, de acordo com pesquisas de Glenn McEvoy, da Utah State University, e Richard Beatty, da Rutgers University.

Claro que um feedback de 360 graus não pede especificamente às pessoas que avaliem seus humores, ações e o impacto que geram. Mas revela como as pessoas o sentem. Por exemplo, quando as pessoas avaliam quão bem você escuta, estão na verdade informando quão bem acham que você as escuta. De forma semelhante, quando um feedback de 360 graus obtém avaliações sobre a eficácia do coaching, as respostas mostram se as pessoas acham ou não que você as entende e se importa com elas. Quando o feedback revela notas baixas na, digamos, abertura a ideias novas, significa que as pessoas o sentem como inacessível e inabordável, ou ambos. Em suma, tudo que você precisa saber sobre seu impacto emocional está no feedback de 360 graus, se você procurar.

Uma última observação sobre esse segundo passo. Claro que é fundamental para identificar suas áreas de fraqueza. Mas enfocar apenas suas fraquezas pode ser desanimador. Por isso é igualmente importante, talvez até mais importante, entender seus pontos fortes. Saber onde seu eu real coincide com seu eu ideal lhe dará a energia positiva de que precisa para avançar ao próximo passo no processo: reduzir as distâncias.

"Como faço para ir daqui até lá?" Uma vez que você saiba quem deseja ser e a comparou com a maneira como as pessoas o veem, precisa criar um plano de ação. Para Sofia, significou planejar uma melhoria real em seu nível de autoconsciência. Assim, ela pediu a cada membro de sua equipe no trabalho que lhe desse feedback — semanal, anonimamente e por escrito — sobre seu estado de humor e desempenho e como afetavam as pessoas. Ela também se comprometeu com três tarefas difíceis, mas realizáveis: passar uma hora por dia refletindo sobre seu comportamento em um diário, fazer um curso de dinâmica de grupo em uma faculdade local e pedir a ajuda de um colega de confiança para funcionar como um coach informal.

Vejamos também como Juan, um executivo de marketing da divisão latino-americana de uma grande empresa de energia integrada, levou a cabo essa etapa. Juan foi incumbido de expandir sua empresa em seu país natal, a Venezuela, bem como na região inteira — papel que exigiria que fosse um coach e visionário e que tivesse uma visão encorajadora e otimista. Porém, o feedback de 360 graus revelou que Juan era visto como intimidador e voltado para dentro. Muitos de seus subordinados diretos o viam como mal-humorado: impossível de agradar em seus piores momentos e emocionalmente fatigante nos melhores. Identificar essa lacuna permitiu que Juan formulasse um plano com passos manejáveis rumo ao aperfeiçoamento. Ele sabia que precisava aprimorar suas habilidades de empatia se quisesse desenvolver um estilo coaching, de modo que se comprometeu com diversas atividades que lhe permitiriam praticar essa habilidade. Decidiu conhecer melhor cada um de seus subordinados. Concluiu que, se entendesse melhor quem eram, seria mais capaz de ajudá-los a alcançar seus objetivos. Combinou com cada funcionário de se encontrarem fora do trabalho, onde estariam mais à vontade para revelar seus sentimentos.

Juan também procurou áreas fora de seu trabalho para forjar seus elos perdidos — por exemplo, treinando o time de futebol da filha e atuando como voluntário num centro de crise local. As duas atividades o ajudaram a perceber de que maneira entendia os outros e a testar comportamentos novos.

De novo, vejamos a ciência do cérebro em funcionamento. Juan estava tentando superar comportamentos arraigados — sua abordagem do trabalho se cristalizara com o tempo, sem que ele percebesse. Conscientizar-se deles foi um passo crucial para mudá-los. Ao prestar mais atenção, as situações que surgiram — enquanto ouvia um colega, treinava o time de futebol ou conversava ao telefone com alguém chateado — tornaram-se deixas que o estimulavam a romper com velhos hábitos e tentar reações novas.

Essas deixas para a mudança de hábitos são neurais, tanto quanto perceptivas. Pesquisadores das Universidades de Pittsburgh e Carnegie Mellon mostraram que, ao nos prepararmos mentalmente para uma tarefa, ativamos o córtex pré-frontal — a parte do cérebro que nos impele à ação. Quanto maior a ativação prévia, melhor desempenhamos a tarefa.

Tal preparação mental torna-se particularmente importante quando estamos tentando substituir um hábito antigo por outro melhor. Como descobriu o neurocientista Cameron Carter da Universidade de Pittsburgh, o córtex pré-frontal torna-se particularmente ativo quando uma pessoa se prepara para superar uma reação habitual. O córtex pré-frontal excitado marca o foco do cérebro no que irá acontecer. Sem essa excitação, uma pessoa repetirá rotinas consagradas, mas indesejáveis. O executivo que simplesmente não ouve voltará a tolher seu subordinado, um líder implacável lançará outro ataque crítico, e assim por diante. Daí a importância de uma agenda de aprendizado. Sem ela, literalmente não temos a capacidade mental para mudar.

"O que faço para que a mudança perdure?" Em suma, fazer a mudança perdurar requer prática. A razão, de novo, reside no cérebro. É preciso fazer e refazer, repetidas vezes, para romper velhos hábitos neurais. Um líder precisa ensaiar um hábito novo até que se torne automático — ou seja, até que o tenha dominado no nível do aprendizado implícito. Somente então a nova programação substituirá a velha.

Embora o ideal seja praticar comportamentos novos, como fez Juan, às vezes apenas imaginá-los bastará. Tomemos o caso de Tom, um executivo que queria reduzir a distância entre seu eu real (percebido por colegas e subordinados como frio e ambicioso) e seu eu ideal (um visionário e coach).

O plano de aprendizado de Tom envolveu achar oportunidades nas quais pudesse parar para refletir e orientar seus funcionários, em vez de esganá-los quando sentia que estavam errados. Tom também começou a passar momentos ociosos durante o deslocamento entre a casa e o trabalho, em que refletia sobre como lidar com encontros que teria naquele dia. Uma manhã, a caminho de uma reunião com um funcionário que parecia estar conduzindo mal um projeto, Tom ensaiou um cenário positivo em sua mente. Fez perguntas e ouviu para se certificar de que tinha entendido plenamente a situação antes de tentar resolver o problema. Previu que se sentiria impaciente e ensaiou como lidaria com tais sentimentos.

Estudos do cérebro confirmam os benefícios da técnica de visualização de Tom: Imaginar algo em detalhes vivos pode ativar as mesmas células cerebrais envolvidas em realizar essa atividade. O novo circuito cerebral parece percorrer seus passos, fortalecendo as conexões, mesmo quando meramente repetimos a sequência em nossas mentes. Assim, para aliviar os temores associados a testar nossas formas mais arriscadas de liderar, deveríamos primeiro visualizar alguns cenários prováveis. Desse modo nos sentiremos menos temerosos quando realmente pusermos as habilidades novas em prática.

Testar comportamentos novos e aproveitar oportunidades dentro e fora do trabalho para praticá-los — além de usar esses métodos em ensaios mentais — acaba desencadeando em nossos cérebros as conexões neurais necessárias para que ocorra a mudança genuína. Mesmo assim, a mudança duradoura não ocorre somente pela experimentação e pelo poder cerebral. Precisamos, como diz a canção, de uma pequena ajuda dos amigos.*

---

* Alusão à canção *With a Little Help from My Friends,* do álbum *Sgt. Pepper's Lonely Hearts Club Band* dos Beatles. (N.T.)

"**Quem pode me ajudar?**" O quinto passo no processo da autodescoberta e reinvenção é criar uma comunidade de apoiadores. Tomemos, por exemplo, os gerentes da Unilever que formaram grupos de aprendizado como parte de seu processo de desenvolvimento executivo. De início, reuniram-se para discutir as carreiras e como fornecer liderança. Mas também foram encarregados de discutir seus sonhos e suas metas de aprendizado, então acabaram discutindo tanto seu trabalho como suas vidas pessoais. Desenvolveram forte confiança mútua e começaram a confiar uns nos outros para obterem um feedback franco, ao mesmo tempo em que procuravam fortalecer suas habilidades de liderança. Quando isso acontece, a empresa se beneficia de um desempenho mais forte. Muitos profissionais atuais criaram grupos semelhantes, e por um bom motivo. Pessoas em quem confiamos permitem que testemos partes não familiares de nosso repertório de liderança sem riscos.

Não podemos aprimorar nossa inteligência emocional ou mudar nosso estilo de liderança sem ajuda dos outros. Não apenas praticamos com outras pessoas, mas também confiamos nelas para criarem um ambiente seguro no qual experimentar. Precisamos obter feedback sobre como nossas ações afetam os outros, bem como avaliar nosso progresso em nossa agenda de aprendizado.

De fato, talvez paradoxalmente, no processo de aprendizado autodirigido recorremos aos outros em cada passo do caminho — de enunciar e refinar nosso eu ideal e compará-lo com a realidade à avaliação final que confirma nosso progresso. Nossos relacionamentos oferecem o próprio contexto no qual entendemos nosso progresso e a utilidade do que estamos aprendendo.

■ IMPORTÂNCIA DO ESTADO DE HUMOR

Quando dizemos que gerir seu estado de humor e aqueles de seus seguidores é a tarefa da liderança primordial, certamente não queremos dizer que o humor é tudo que importa.

Como observamos, suas ações são cruciais, e humor e ações juntos devem ressoar com a organização e sua realidade. Similarmente, reconhecemos todos os outros desafios que os líderes precisam enfrentar: da estratégia e contratação ao desenvolvimento de produtos novos. Tudo isso faz parte de um longo dia de trabalho.

Mas tomada como um todo, a mensagem transmitida pelas pesquisas neurológicas, psicológicas e organizacionais surpreende em sua clareza. A liderança emocional é a centelha que acende o desempenho de uma empresa, criando uma fogueira de sucesso ou uma paisagem de cinzas. Os humores importam tanto assim.

Pós-escrito
Originalmente publicado em hbr.org e LinkedIn.com

QUANDO VOCÊ CRITICA UMA PESSOA, FICA MAIS DIFÍCIL QUE ELA MUDE

hbr.org — 19 de dezembro de 2013

"Se tudo funcionasse perfeitamente em sua vida, o que você estaria fazendo daqui a dez anos?"

Uma pergunta assim nos abre para possibilidades novas, para refletirmos sobre o que mais importa e quais valores profundos nos guiam pela vida. Essa abordagem fornece aos gerentes uma ferramenta que orienta suas equipes a obterem melhores resultados.

Compare essa pergunta esclarecedora com uma conversa sobre o que está errado com você e o que precisa fazer para se corrigir. Esta última linha de pensamento nos bloqueia, nos põe na defensiva e reduz nossas possibilidades de salvarmos as operações. Os gerentes deveriam manter isso em mente, particularmente durante avaliações de desempenho.

A pergunta sobre sua vida perfeita daqui a dez anos é de Richard Boyatzis, professor da Weatherhead School of Management da Case Western e velho amigo e parceiro. Suas pesquisas recentes sobre a melhor abordagem ao coaching usaram imagens do cérebro para analisar quão diferentemente ele afeta o cérebro quando você se concentra em sonhos, e não em fracassos. Essas descobertas têm grandes implicações para a melhor forma de ajudar alguém — ou a si próprio — a melhorar.

Em meu livro *Foco: A atenção e seu papel fundamental para o sucesso*, fiz esta citação a Boyatzis: "Falar sobre nossos sonhos e objetivos positivos ativa centros cerebrais que nos abrem para novas possibilidades. Mas se mudamos a conversa para o que deveríamos fazer para melhorar, nos fechamos."

Trabalhando com colegas na Cleveland Clinic, Boyatzis submeteu pessoas a uma entrevista positiva, priorizando os sonhos, ou a uma negativa, focada nos problemas, enquanto seus cérebros eram tomografados. A entrevista positiva despertou atividade nos circuitos da recompensa e nas áreas de lembranças boas e sentimentos alegres — uma característica cerebral que fica evidente quando adotamos uma visão inspiradora. Já a entrevista negativa ativou os circuitos cerebrais da ansiedade, as mesmas áreas ativadas quando nos sentimos tristes e preocupados. No último estado, a ansiedade e a atitude defensiva desencadeadas tornaram mais difícil enfocar possibilidades de melhora.

Claro que um gerente precisa ajudar as pessoas a enfrentarem o que não está funcionando. Nas palavras de Boyatzis: "Precisamos do foco negativo para sobreviver, mas de um foco positivo para prosperar. Precisamos dos dois tipos de foco, mas na proporção certa."

Barbara Frederickson, psicóloga da Universidade da Carolina do Norte, constata que sentimentos positivos aumentam a abertura de nossa atenção para abranger uma gama maior de possibilidades e nos motivar a buscar um futuro melhor. Ela constata que pessoas que se saem bem tanto na vida privada como na profissional costumam ter uma proporção maior de estados positivos, em relação aos negativos, durante seus dias.

Estar na faixa do humor positivo ativa os circuitos do cérebro que nos lembram quão bem nos sentiremos quando alcançarmos uma meta, segundo a pesquisa de Richard Davidson na Universidade de Wisconsin. É esse o circuito que nos mantém dando os pequenos passos necessários para alcançar um objetivo maior — seja terminar um grande projeto ou mudar nosso comportamento.

Esses circuitos cerebrais — vitais para perseguirmos nossas metas — funcionam à base de dopamina, uma substância química cerebral que provoca uma sensação agradável, junto com opioides endógenos como endorfinas, os neurotransmissores da "euforia dos corredores". Essa mistura química fomenta o esforço e o marca com doses gratificantes de prazer. Talvez por isso manter uma visão positiva aumente o desempenho, como descobriu a pesquisa de Frederickson: energiza-nos, permite que nos concentremos melhor, sejamos mais flexíveis em nosso pensamento e nos conectemos eficazmente com as pessoas à nossa volta.

Gerentes e coaches podem manter isso em mente. Boyatzis sustenta que entender os sonhos de uma pessoa podem iniciar uma conversa sobre o que seria necessário para concretizá-los. E isso pode levar a metas de aprendizado concretas. Com frequência essas metas significam aprimorar capacidades como escrúpulo, saber ouvir, colaboração e semelhantes — que podem render um melhor desempenho.

Boyatzis dá o exemplo de um estudante de MBA executivo, um gerente, formado em engenharia, que queria desenvolver melhores relações no trabalho. Quando uma tarefa tinha de ser realizada, "tudo que ele via era a tarefa", diz Boyatzis, "não as pessoas com quem trabalhava para que ela fosse realizada".

Sua curva do aprendizado envolvia sintonizar com os sentimentos das outras pessoas. Para praticar correndo pouco risco, ele resolveu treinar o time de futebol do filho — e se esforçar para observar como os membros do time se sentiam durante o treino. Aquilo se tornou um hábito que ele levou ao trabalho.

Ao começar pela meta positiva — relações de trabalho melhores — em vez de considerar a questão uma falha pessoal que queria superar, alcançar sua meta tornou-se bem mais fácil.

Moral da história: não enfoque apenas as fraquezas, mas também esperanças e sonhos. É o que nossos cérebros estão programados para fazer.

OS SINAIS DE TRANSTORNO DO DÉFICIT DE EMPATIA DE UM LÍDER

linkedIn.com — 25 de novembro de 2013

Pense em duas pessoas que trabalhem em sua organização: uma está um ou dois níveis abaixo de você; a outra, um nível acima. Agora se imagine recebendo um e-mail de cada uma. Pergunte-se quanto tempo levaria para responder aos e-mails.

É provável que você responda imediatamente ao seu superior. E ao de nível inferior você provavelmente responderá quando tiver um tempo.

Essa diferença nos tempos de resposta tem sido usada para mapear a hierarquia em uma organização. E ela reflete um princípio mais geral: prestamos mais atenção àqueles com mais poder do que nós — e observamos menos aqueles com menos poder.

A relação entre poder e foco aparece claramente em interações tão simples como dois estranhos se encontrando pela primeira vez. Em apenas cinco minutos de conversa, a pessoa de maior status costuma dar menos sinais de atenção, como contato ocular e movimentos de cabeça, que aquela com menos poder social. Essa diferença na atenção tem se manifestado até entre estudantes universitários de famílias mais ricas e mais pobres.

Essa análise dos tempos de resposta a e-mails foi realizada usando o banco de dados de e-mails completo da Enron Corporation, disponibilizado aos pesquisadores depois que foi usado na investigação do colapso da empresa. O programa para detectar as redes sociais em uma organização através da análise de e-mails foi desenvolvido na Universidade de Colúmbia e demonstrou uma precisão notável.

Quando a atenção flui ao longo de linhas de poder, a empatia também é afetada. Quando estranhos contavam uns aos outros sobre divórcios ou outros momentos dolorosos em suas vidas, mais empatia foi expressa pela pessoa menos poderosa. Outro indicador de empatia — a precisão com que conseguimos captar os sentimentos de uma pessoa baseados em pistas como expressão facial — também se mostrou divergente, as pessoas de status menor eram mais hábeis que aquelas em posições mais altas.

Esse fato da vida social representa um perigo aos líderes — afinal, os líderes mais eficazes são excepcionais em habilidades que dependem da empatia, como persuasão e influência, motivar e ouvir, trabalho de equipe e colaboração.

Existem três espécies de empatia. A primeira é a cognitiva, em que você percebe como a outra pessoa pensa sobre o mundo, o que lhe permite expressar o que tem a dizer em termos que ela compreenderá. A segunda, emocional, em que você instintivamente ressoa com o sentimento da outra pessoa. A terceira, preocupação empática, em que você expressa como se importa com a pessoa ao ajudar naquilo que sente que ela precisa.

Os sinais do déficit de empatia de uma liderança em qualquer uma ou todas essas variedades podem ser mais bem detectados pelo impacto das ações do líder sobre seus liderados. Alguns dos sinais comuns são:

- Instruções ou memorandos que não fazem nenhum sentido aos destinatários são um sinal de que um chefe não entende como os funcionários pensam sobre seu mundo e está sintonizado com a linguagem que lhes faria mais sentido. Outro sinal de pouca empatia cognitiva: estratégias, planos ou metas que fazem pouco sentido ou parecem irrelevantes àqueles incumbidos de executá-los.
- Comunicados ou, pior, ordens que abalam aqueles que os recebem. Isso significa um chefe que não interpreta precisamente a realidade emocional dos funcionários, e assim parece ignorante aos que recebem essas ordens.
- Expressar atitudes que parecem frias ou apenas fora de sintonia com os problemas enfrentados pelos funcionários significa uma falta de preocupação empática. Sentir que seu chefe não se importa põe os funcionários na defensiva, o que os faz ter medo de correr riscos como inovar.

Líderes em níveis mais altos talvez corram mais risco de serem acometidos do distúrbio do déficit de empatia, por um motivo simples: à medida que você sobe na hierarquia, cada vez menos pessoas são francas com você e estão dispostas a dar um feedback honesto de como você parece aos outros.

Entre as formas de evitar um déficit de empatia talvez esteja o que Bill George, da Harvard Business School, denomina "grupos do norte verdadeiro", onde você recebe feedback honesto de pessoas que você conhece bem. Outra poderia ser criar uma rede informal de colegas que serão francos com você (talvez fora de sua organização) e permanecer em contato regular com eles — ou o mesmo com amigos de confiança em todos os níveis dentro de sua própria empresa.

> Líderes de alto contato, que percorrem a empresa e dedicam um tempo informal a conhecer os funcionários, inoculam-se contra o déficit de empatia. O mesmo vale para líderes que criam uma atmosfera de local de trabalho onde as pessoas se sentem seguras sendo francas — inclusive o chefe.

Redespertando sua paixão pelo trabalho

escrito com Richard Boyatzis e Annie McKee

Publicado originalmente na *Harvard Business Review*,
abril de 2002

Em 11 de setembro de 2001, enquanto milhões de pessoas ao redor do globo fitavam descrentes as telas de televisão, vendo as torres do World Trade Center desabarem, muitos de nós percebemos que o choque e a dor vinham acompanhados de outra sensação: o ímpeto de fazer um balanço. A natureza frágil da vida humana, evidenciada com uma clareza tão insuportável, levou as pessoas a fazerem a pergunta inquietante: "Estou realmente vivendo do jeito que gostaria de viver?"

Todos nos debatemos com a questão do sentido de nossas vidas. O Onze de Setembro trouxe a pergunta à baila para muitas pessoas ao mesmo tempo, mas o impulso de reavaliar a vida assoma periodicamente para a maioria de nós em circunstâncias bem menos dramáticas. Altos executivos, por exemplo, parecem lutar com essa questão no auge de suas carreiras. Por quê? Muitos executivos atingem a plena forma profissional na casa dos 40 e 50 anos, justo quando seus pais estão atingindo o fim de suas vidas — um lembrete de que todos somos mortais. Além disso, muitos dos traços de personalidade associados ao sucesso na carreira, como um dom para resolução de problemas e pura tenacidade, levam as pessoas a perseverarem com uma situação difícil na esperança de melhorá-la. Aí um dia, uma sensação arrepiante se manifesta: algo está errado. Essa percepção inicia um processo que temos testemunhado milhares de vezes em nossos gerentes e executivos orientadores do trabalho nos últimos 14 anos.

O processo raramente é fácil, mas constatamos que esse tipo de redespertar é saudável e necessário. Os líderes devem passar por ele a cada poucos anos para repor energia, criatividade e empenho — e para redescobrir sua paixão pelo trabalho e pela vida. De fato, os líderes não podem continuar atingindo novas metas e inspirando as pessoas a sua volta sem entender seus próprios sonhos. Neste artigo, observaremos os diferentes sinais que nos mostram que está na hora de reavaliar a vida — pode ser uma sensação irritante de dúvida que cresce com o tempo até ser impossível ignorá-la ou um acontecimento transformador que irrevogavelmente altera sua perspectiva. Depois descreveremos algumas estratégias para ouvir esses sinais e tomar uma atitude restaurativa. Essa atitude pode oscilar de um ajuste de perspectiva relativamente pequeno a uma mudança maior de foco sobre o que realmente importa ou mesmo a mudanças práticas que o levam a uma direção inteiramente nova.

■ QUANDO DIZER QUANDO

Quando indagados, a maioria dos homens de negócios diz que a paixão — por liderar, por atender o cliente, por apoiar uma causa ou um produto — é o que os motiva. Quando essa paixão enfraquece, começam a questionar o sentido de seu trabalho. Como redespertar a paixão e se reconectar com o que é significativo para você? O primeiro passo é reconhecer o sinal de que está na hora de fazer um balanço. Vejamos as diferentes sensações que informam que chegou a hora.

"Sinto-me aprisionado."
Às vezes, um emprego que era gratificante aos poucos se torna menos significativo, lentamente erodindo seu entusiasmo e espírito até você não ver mais muito propósito em seu trabalho. As pessoas com frequência descrevem esse estado como uma sensação de aprisionamento. Elas estão inquietas, mas não conseguem mudar — ou mesmo expressar o que está errado.

Vejamos o caso de Bob McDowell, diretor corporativo de recursos humanos de uma grande empresa de serviços profissionais. Após dedicar coração e alma ao seu trabalho por 25 anos, Bob começou a se sentir extremamente desmotivado: seus programas inovadores eram repetidamente cortados. Como resultado, seus esforços pouco podiam fazer para melhorar o local de trabalho no longo prazo. Durante anos ele aquietara suas dúvidas perturbadoras, em parte porque um sucesso ocasional ou um raro funcionário que florescia sob sua orientação lhe proporcionava uma satisfação profunda, embora temporária. Além disso, a função vinha acompanhada dos parametros usuais do sucesso: cargo, dinheiro e mordomias. E, como a maioria das pessoas na meia-idade, as responsabilidades financeiras de McDowell tornavam arriscado trocar a segurança pela satisfação pessoal. Fatores como esses conspiram para manter a pessoa persistindo no mesmo rumo, esperando que as coisas venham a melhorar. Mas agarrar-se à segurança ou tentar ser um bom cidadão corporativo pode se revelar uma prisão construída por você próprio.

"Estou entediado."

Muitas pessoas confundem cumprir as metas diárias com realizar um trabalho realmente gratificante, de modo que continuam definindo e cumprindo novas metas — até que se dão conta de que estão entediadas. As pessoas costumam se chocar com essa revelação, sentindo como se tivessem acabado de emergir de um blecaute espiritual. Vimos isso em Nick Mimken, o proprietário de uma seguradora de sucesso, que gradualmente sentia que algo vinha faltando em sua vida. Ele aderiu a um grupo de leitura esperando que o estímulo intelectual o ajudasse a recuperar parte do entusiasmo, mas não foi suficiente. O fato era que ele havia perdido o contato com seus sonhos e vinha percorrendo as rotinas do trabalho sem sentir nenhuma satisfação real com o sucesso de sua empresa.

Pessoas de sucesso como Mimken podem ter dificuldade em aceitar que estão entediadas, porque são os traços geralmente positivos da ambição e determinação que encobrem a necessidade de diversão. Algumas pessoas podem se sentir culpadas por estarem inquietas quando aparentemente têm tudo que desejam. Outras podem admitir que não estão se divertindo, mas acreditam ser esse o preço do sucesso. Nas palavras de um gerente: "Trabalho para sobreviver. Não espero achar um sentido profundo no escritório. Realizo isso em outros lugares." O problema? Como muitos, esse homem trabalha mais de sessenta horas semanais, restando pouco tempo para desfrutar qualquer outra coisa.

"Não sou a pessoa que gostaria de ser."
Algumas pessoas acabam se acostumando com decepções, frustrações e tédio com o trabalho até se renderem a uma rotina que é incompatível com quem elas são e o que realmente desejam. Vejamos, por exemplo, o caso de John Lauer, um líder inspirador que assumiu a presidência da BFGoodrich e logo conquistou o apoio dos altos executivos com sua visão dos desafios e das oportunidades da empresa e sua paixão contagiante pelo negócio.

Mas depois de já estar na empresa por seis anos, assistimos a uma palestra de Lauer para uma turma de estudantes de MBA executivo e vimos que ele havia perdido seu brilho. Com o tempo, Lauer havia entrado em sincronia com uma cultura empresarial voltada ao valor para os acionistas, e isso era incompatível com o que lhe interessava. Não surpreende que tenha deixado a empresa seis meses depois, rompendo com a vida corporativa ao se juntar à esposa no trabalho com organizações de ajuda humanitária húngaras. Ele mais tarde admitiu que sabia que não estava sendo ele mesmo ao final de seu período na BFGoodrich, embora não soubesse exatamente o porquê.

Como Lauer se afastou de sua essência? Primeiro, a mudança foi tão gradual que ele não percebeu que vinha sendo absorvido por uma cultura que lhe era inadequada. Segundo, como muitos, ele fez o que sentia que "devia", convivendo com a burocracia e fazendo uma pequena concessão após a outra, em vez de seguir seu coração. Finalmente, exibiu um traço que é uma característica marcante dos líderes eficazes: adaptabilidade. De início, adaptar-se à cultura empresarial provavelmente fez com que Lauer se sentisse mais confortável. Mas sem uma forte autoconsciência, as pessoas correm o risco de se adaptarem a ponto de não mais se reconhecerem.

"Não vou comprometer minha ética."
O sinal para fazer um balanço pode chegar às pessoas na forma de um desafio ao que elas consideram correto. Foi o caso de Niall FitzGerald, agora copresidente da Unilever, quando chamado para assumir um papel de lide-

rança na África do Sul, ainda sob o apartheid. A oferta foi considerada um reconhecimento e um sinal positivo sobre seu futuro na Unilever. Até então, FitzGerald havia aceitado quase todas as missões, mas a oportunidade na África do Sul o surpreendeu, representando um desafio direto aos seus princípios. Como ele poderia, em sã consciência, aceitar um emprego num país cujo ambiente político e prático considerava repreensível?

Ou vejamos o caso de um gerente que chamaremos de Rob. Após trabalhar para vários chefes apoiadores e leais, viu-se subordinado a um executivo — vamos chamá-lo de Martin — cujo estilo gerencial estava em conflito direto com seus valores. O tratamento agressivo daquele homem aos subordinados havia solapado uma série de carreiras promissoras, mas mesmo assim ele era uma espécie de lenda na empresa. Para o desgosto de Rob, a equipe de altos executivos admirava o desempenho de Martin e, francamente, achava que os jovens gerentes se beneficiavam de um período sob seu estilo militar de liderança.

Quando reconhece que uma experiência está em conflito com seus valores, como aconteceu com FitzGerald e Rob, você pode ao menos fazer uma escolha consciente de como reagir. O problema é que as pessoas com frequência não recorrem a esse sinal particular porque perdem de vista seus valores básicos. Às vezes separam seu trabalho de suas vidas pessoais a ponto de não trazerem seus valores para o escritório. Como resultado, podem aceitar ou até se envolver em comportamentos que consideram inaceitáveis em casa. Outras pessoas descobrem que seu trabalho se torna sua vida, e as metas empresariais têm prioridade sobre todo o resto. Mesmo executivos que genuinamente valorizam a família acima de tudo acabam trabalhando 12 horas diárias, perdendo cada vez mais jantares de família na busca do sucesso profissional. Nesses casos, as pessoas podem não ouvir o chamado de despertar. Ainda que ouçam, podem sentir que algo não está totalmente certo mas não conseguem identificá-lo — ou fazer algo para mudá-lo.

"Não posso ignorar o chamado."

Um chamado de despertar pode vir na forma de uma missão: uma força irresistível que obriga a pessoa a dar uma guinada e assumir um desafio. É como se subitamente reconhecessem o que estão destinadas a fazer e não conseguissem mais ignorá-lo.

Um tal chamado costuma ser espiritual, como no caso de um executivo que, após examinar seus valores e sua visão pessoal, decidiu deixar o emprego, ser ordenado, comprar um prédio e fundar uma igreja — aos 55 anos. Mas um chamado pode tomar outras formas também: tornar-se professor, trabalhar para crianças carentes ou fazer uma diferença às pessoas que você encontra no dia a dia. Rebecca Yoon, que dirige uma lavanderia a seco, passou a considerar sua missão se comunicar com seus clientes em nível pessoal. Sua atenção constante e sincera criou uma fidelidade notável à sua loja, ainda que o serviço real prestado seja idêntico ao de centenas de outras lavanderias na cidade.

"A vida é curta demais!"

Às vezes é preciso um trauma, grande ou pequeno, para forçar as pessoas a fazerem um balanço de suas vidas. Tal despertar pode resultar de um ataque cardíaco, a perda de um ente querido ou uma tragédia mundial. Também pode resultar de algo menos dramático, como a saída dos filhos de casa ou a celebração de um aniversário importante. Prioridades podem se tornar evidentes em momentos assim, e coisas que pareciam importantes semanas, dias ou mesmo minutos antes já não importam.

Por exemplo, após uma dura e heroica fuga de seu escritório na Torre Um do World Trade Center no dia 11 de setembro, John Paul DeVito, do May Davis Group, entrou cambaleante numa igreja, aos prantos, desesperado para ligar para a família. Quando um policial tentou acalmá-lo, DeVito respondeu: "Não estou em choque. Nunca estive tão lúcido na minha vida." Mesmo enquanto chorava a morte de amigos e colegas de trabalho, continuou animado com a vida, e agora está redefinindo suas prioridades, surpreso de que antes daquela experiência terrível colocasse o dever profissional acima de todo o resto.

DeVito não está sozinho. Indícios casuais sugerem que muitas pessoas sentiram necessidade de buscar um novo sentido em suas vidas após as tragédias do Onze de Setembro, que realçaram o fato de que a vida pode ser interrompida a qualquer momento. Um artigo no *Wall Street Journal*, de 26 de dezembro de 2001, descreveu duas mulheres que mudaram drasticamente depois dos ataques. Após uma visita a Nova York pouco depois que as torres foram atingidas, a engenheira Betty Roberts largou seu emprego aos 52 anos para se matricular na escola de teologia. E Chicki Wentworth decidiu abrir mão do prédio de escritórios e restaurantes de que fora proprietária e que administrara por quase trinta anos para trabalhar com adolescentes problemáticos.

Mas como dissemos, as pessoas também encaram eventos de despertar em suas vidas em circunstâncias bem mais triviais. Chegar aos 40 anos, casar-se, mandar um filho para a faculdade, submeter-se a uma cirurgia, encarar a aposentadoria — esses são apenas alguns dos momentos na vida quando naturalmente fazemos uma pausa, avaliamos aonde nossas escolhas nos levaram e comparamos nossas realizações com nossos sonhos.

O interessante é que costuma ser socialmente mais aceitável reagir a eventos chocantes ou traumáticos do que a quaisquer dos outros. Como resultado, pessoas que se sentem aprisionadas ou entediadas muitas vezes permanecem num emprego que as faz sofrer por um tempo excessivo, podendo assim ser mais suscetíveis a doenças ligadas ao estresse. Além disso, os sinais mais discretos — uma sensação de mal-estar que aumenta com o tempo, por exemplo — podem ser fáceis de ignorar ou descartar porque seu impacto no dia a dia é gradual. Mas tais sinais não são menos importantes, como indicadores da necessidade de reavaliação, que os eventos mais visíveis. Como aprender a ouvir os sinais vitais e reagir antes que seja tarde? É preciso um esforço consciente e disciplinado de autoexame periódico.

■ ESTRATÉGIAS PARA A RENOVAÇÃO

Não existe uma solução genérica para restaurar o sentido e a paixão em sua vida. Contudo, existem estratégias para avaliar sua vida e fazer correções, se você saiu do rumo. A maioria das pessoas não persegue uma única estratégia, mas uma combinação, e algumas buscam ajuda externa, enquanto outras preferem uma jornada mais solitária. Qualquer que seja o caminho escolhido, você precisa de tempo para reflexão — uma chance para pensar sobre onde está, para onde está indo e onde realmente gostaria de estar. Vejamos cinco abordagens.

Dar um tempo
Para algumas pessoas, tirar uma folga é a melhor forma de descobrir o que realmente desejam fazer e se reconectarem com seus sonhos. Instituições acadêmicas há muito proporcionam um período de rejuvenescimento mediante licenças sabáticas — seis a 12 meses de licença, geralmente remunerados. Algumas empresas — para ser claro, pouquíssimas — oferecem licenças sabáticas remuneradas também para cuidarem de seus interesses, com a garantia do emprego quando retornarem. O mais comum são homens de negócios tirarem uma folga por conta própria — um risco, com certeza, mas poucos que fizeram isso se arrependeram da decisão.

Foi esse o rumo que Bob McDowell tomou. McDowell, o diretor de RH já descrito que se sentia prisioneiro em seu trabalho, deixou seu cargo, não procurou outro emprego e passou cerca de oito meses fazendo um balanço de sua vida. Refletiu sobre seus sucessos e fracassos, e confrontou os sacrifícios que fizera ao se dedicar tão completamente a um emprego que no final não foi tão gratificante assim. Outros executivos tiram uma licença com metas bem menos ambiciosas — simplesmente se afastarem um pouco do trabalho e se dedicarem à vida pessoal. Após um tempo, podem retornar contentes ao trabalho que vinham realizando havia anos, ávidos por enfrentar os mesmos desafios com uma paixão renovada.

Outros podem querer mudar de rumo e dar às mentes um descanso fazendo algo diferente. Quando Nick Mimken, o diretor entediado de uma seguradora, fez um balanço da vida e enfim percebeu que o trabalho não o inspirava, decidiu vender sua empresa, conservar apenas uns poucos clientes e ter aulas de escultura. Foi então trabalhar como diarista para um paisagista a fim de se dedicar ao seu interesse em esculturas ao ar livre — em particular, chafarizes de pedra. Hoje ele e sua esposa moram em Nantucket, Massachusetts, onde ele não trabalha mais para sobreviver, mas trabalha vivendo. Está explorando o que o sensibiliza: seja escultura em rocha, fundição de bronze, proteger a vida selvagem ou ensinar às pessoas como lidar com seu dinheiro. Nick é um entusiasta de seu trabalho e de como está vivendo sua vida. Chama a si mesmo de um explorador da vida.

De qualquer modo, seja um intenso exame de consciência ou uma simples pausa da vida corporativa, as pessoas quase invariavelmente acham esses os momentos energizantes. Mas cair fora não é fácil. Nenhuma lista de afazeres, nenhuma reunião ou ligação telefônica, nenhuma estrutura:

pessoas de alto desempenho podem ter dificuldade em abandonar suas rotinas. A perda da segurança financeira torna essa medida inconcebível para alguns. E para as muitas pessoas cujas identidades estão presas às suas vidas profissionais, afastar-se parece um enorme sacrifício. De fato, vimos pessoas pulando de volta para o trem após uma ou duas semanas, sem colherem nenhum benefício da folga, porque não conseguiram suportar o afastamento do trabalho.

Ache um curso
Enquanto uma licença pode ser pouco mais do que uma pausa revigorante, um curso de desenvolvimento de liderança ou executivo é uma estratégia mais estruturada, orientando as pessoas enquanto exploram seus sonhos e abrem portas novas.

Lembra-se de John Lauer? Dois anos depois de Lauer deixar a BFGoodrich, continuava lidando com refugiados húngaros (sua pausa) e sustentava que não queria saber de gerir uma empresa. Porém, como parte da busca da próxima fase na carreira, decidiu por um doutorado executivo. Durante o curso, participou de um seminário de desenvolvimento de liderança na qual uma série de exercícios o forçaram a esclarecer seus valores, filosofia, aspirações e forças.

■ FERRAMENTAS PARA REFLEXÃO

Uma vez que você tenha perdido contato com sua paixão e seus sonhos, a própria rotina do trabalho e os hábitos de sua mente podem tornar difícil se reconectar. Eis algumas ferramentas que podem ajudar a romper com essas rotinas e permitir que os sonhos voltem à tona.

Reflita sobre o passado
Sozinho e com amigos e conselheiros de confiança, periodicamente faça um teste de realidade. Pegue uma ou duas horas e desenhe sua "linha da vida". Começando pela infância, trace os pontos altos e os pontos baixos — os acontecimentos que lhe deram grande alegria e grande tristeza. Observe os momentos em que esteve mais orgulhoso, mais empolgado e mais forte e seguro. Note também os momentos em que se sentiu perdido e sozinho.

Destaque as transições — épocas em que as coisas mudaram para você. Agora, olhe o todo. Quais são alguns dos temas subjacentes? O que parece estar sempre presente, não importa a situação? Quais valores parecem pesar com mais frequência e mais fortemente quando você faz mudanças em sua vida? Você costuma estar num caminho positivo ou houve muitos altos e baixos? Onde a sorte ou o destino se encaixa?

Agora mude para o passado mais recente e examine estas perguntas: O que mudou ou não no trabalho, na vida? Como estou me sentindo? Como me vejo atualmente? Estou seguindo meus valores? Estou me divertindo? Meus valores ainda combinam com minhas obrigações no trabalho e com o que minha empresa está fazendo? Os meus sonhos mudaram? Ainda acredito em minha visão do meu futuro?

Como uma forma de reunir tudo isso, faça um pouquinho de redação livre, completando a frase: "Em minha vida, eu... e agora eu..."

Defina seus princípios para a vida

Pense nos diferentes aspectos de sua vida que são importantes, como família, relacionamentos, trabalho, espiritualidade e saúde física. Quais são seus princípios básicos em cada uma dessas áreas? Liste cinco ou seis princípios que o orientam na vida e reflita se são valores que você realmente pratica ou só fala a respeito.

Abra o horizonte

Tente escrever uma página ou duas sobre o que você gostaria de fazer com o resto de sua vida. Ou então escreva os números 1 a 27 em uma folha e depois liste todas as coisas que quer fazer ou experimentar antes de morrer. Não sinta necessidade de parar em 27, e não se preocupe com as prioridades ou viabilidade — apenas anote o que lhe vem à mente.

Este exercício é mais difícil do que parece, porque é da natureza humana pensar mais em termos do que precisamos fazer — até amanhã, semana que vem ou mês que vem. Mas com um horizonte tão limitado assim, só conseguimos nos concentrar no que é urgente, não no que é importante. Quando pensamos em termos do horizonte aberto, como o que poderíamos fazer antes de morrer, abrimos uma nova série de possibilidades. Em nosso trabalho com líderes que realizam esse exercício, vimos uma tendência surpreendente: a maioria deles anota algumas metas profissionais, mas oitenta por cento ou mais de suas listas nada têm a ver com o trabalho. Ao terminarem o exercício e examinarem seu texto, veem padrões que ajudam a começar a cristalizar seus sonhos e aspirações.

Imagine o futuro

Pense em onde você estaria sentado lendo este artigo daqui a 15 anos e vivendo sua vida ideal. Quais tipos de pessoas estariam à sua volta? Como seria o seu ambiente? O que estaria fazendo durante um dia ou uma semana típica? Não se preocupe com a viabilidade de criar essa vida. Pelo contrário, deixe a imagem se desenvolver e se coloque no quadro.

Tente um pouco de redação livre sobre essa visão de si mesmo, grave sua visão num gravador ou fale a respeito com um amigo de confiança. Muitas pessoas contam que, ao fazer esse exercício, experimentam uma liberação de energia e se sentem mais otimistas do que estavam momentos antes. Imaginar um futuro ideal pode ser um meio poderoso de se conectar com as possibilidades de mudança em nossas vidas.

Ao pensar na próxima década de sua vida e refletir sobre suas capacidades, Lauer percebeu que sua resistência a dirigir uma empresa na verdade representava um medo de repetir sua experiência na BFGoodrich. Na verdade, ele adorava estar à frente de uma organização na qual pudesse transmitir sua visão e levar a empresa adiante, e gostava de trabalhar com uma equipe de executivos com pensamentos afins. De repente, percebeu que sentia falta daqueles aspectos do trabalho de CEO e que no tipo certo de situação — na qual pudesse aplicar as ideias que desenvolvera em seus estudos — ser um CEO poderia ser divertido.

Com a paixão por liderar renovada, Lauer retornou as ligações de alguns headhunters e após um mês recebeu a oferta de um cargo de presidente e CEO da Oglebay Norton, uma empresa de 250 milhões de dólares no ramo de matérias-primas. Ali se tornou um exemplo do estilo democrático de liderança, acolhendo as contribuições dos funcionários e encorajando sua equipe de liderança a fazer o mesmo. Como um de seus executivos nos contou: "John melhorou nosso ânimo, nossa confiança e nossa paixão pela excelência." Embora a empresa lide com mercadorias tão pouco glamourosas como cascalho e areia, Lauer fez tantas melhorias em seu primeiro ano que a Oglebay Norton figurou na *Fortune*, *Business Week* e no *Wall Street Journal*.

Outro executivo que conhecemos, Tim Schramko, tinha uma longa carreira dirigindo empresas de assistência médica. Como distração, começou a lecionar em meio período. Assumiu uma carga crescente de horas-aula enquanto cumpria com suas responsabilidades profissionais, mas estava ficando exausto. Somente ao passar por um processo estruturado que o ajudasse a conceber seu futuro ideal, percebeu que tinha vocação para lecionar. Uma vez que isso ficou claro, ele desenvolveu um plano para se desvencilhar de suas obrigações empresariais dentro de dois anos e agora é membro do corpo docente em horário integral.

Muitas instituições educacionais oferecem programas que respaldam esse tipo de medida. Além disso, algumas empresas desenvolveram seus próprios programas ao perceberem que líderes que têm a chance de se reconectarem com seus sonhos tendem a voltar ao trabalho com energia e empenho redobrados. O risco, é claro, é que após uma séria reflexão os participantes desertem. Mas em nossa experiência, a maioria acha um significado e paixão nova em seus cargos atuais. De qualquer modo, as pessoas que partem não estavam no trabalho certo — e teriam percebido isso mais cedo ou mais tarde.

Crie "estruturas reflexivas"

Quando o guru da liderança Warren Bennis entrevistou líderes de todas as profissões no início da década de 1990, descobriu que tinham uma forma em comum de permanecer em contato com o que lhes era importante. Eles incorporavam em suas vidas o que Bennis denomina "estruturas reflexivas": tempo e espaço para o autoexame, sejam umas poucas horas por semana, um ou dois dias por mês ou um período maior a cada ano.

Para muitas pessoas, as práticas religiosas proporcionam a reflexão, e algumas pessoas reservam tempo do dia ou da semana para a oração ou meditação. Mas a reflexão não precisa envolver religião organizada. Os exercícios físicos são uma solução para muitas pessoas, e alguns executivos reservam tempo em suas agendas para exercícios regulares. Um CEO de uma empresa de serviços públicos de 2 bilhões de dólares reserva oito horas semanais para a reflexão solitária — uma hora por dia, talvez duas ou três horas num fim de semana. Durante esse tempo, pode fazer uma longa caminhada, trabalhar em sua oficina doméstica ou passear em sua Harley. Não importa o que você faz, a ideia é se afastar das exigências de seu trabalho e estar com seus próprios pensamentos.

Cada vez mais, temos visto pessoas buscarem oportunidades de reflexão coletiva também, para que possam compartilhar sonhos e frustrações com seus colegas. Em sua terceira vez chefiando uma grande divisão do Hay Group, Murray Dalziel decidiu incorporar a reflexão em sua vida aderindo a um grupo de CEOs que se reúne uma vez por mês. Em certo sentido, o grupo legitima o tempo gasto pensando, conversando e aprendendo uns com os outros. Os membros criaram uma comunidade de confiança na qual podem compartilhar feedback honesto — um recurso escasso para a maioria dos executivos. E todos recebem benefícios tangíveis. As pessoas trocam dicas sobre como reparar processos problemáticos ou navegar por situações complicadas.

Procure um coach

Nossas próprias inclinações e experiências às vezes tornam impossível acharmos uma saída para uma situação difícil ou desconcertante. Precisamos de uma perspectiva externa. A ajuda pode vir informalmente da família, dos amigos e colegas, ou pode vir de um coach profissional versado em ajudar as pessoas a verem suas forças e identificarem novos meios de usá-las. Não discutiremos a psicoterapia mais tradicional neste artigo, mas certamente é outra alternativa.

Quando Bob McDowell, o diretor de RH, deixou sua carreira, buscou uma variedade de contatos pessoais e profissionais para ajudá-lo a decidir como abordar o futuro. Interagindo com um coach executivo, McDowell pôde identificar o que era importante na sua vida e traduzir aquilo no que achava essencial em um emprego. Pôde então delimitar exatamente os aspectos de sua vida pessoal de que não mais abriria mão, incluindo a saúde e os exercícios, tempo com a família, hobbies pessoais e outros interesses. No final, achou seu caminho em uma carreira nova como sócio de uma empresa de headhunters — um trabalho em que nunca cogitara, mas que correspondia à sua paixão de ajudar as pessoas e as empresas para as quais trabalham. Além disso, seu exame de consciência desencadeara tanto sua criatividade que em seu novo trabalho combinou a consultoria organizacional tradicional com o processo de busca para descobrir possibilidades incomuns. Em vez de uma empresa de headhunters típica, ele ajuda as empresas a acharem funcionários que trarão magia ao negócio e aos relacionamentos essenciais para o sucesso.

O que o coach trouxe para a autorreflexão de McDowell? Talvez o principal benefício tinha sido um relacionamento de confiança que lhe deu o espaço para sonhar — algo de que os executivos se esquivam, porque as expectativas da sociedade e suas famílias têm muito peso sobre eles. Como muitos, McDowell começou esse processo pressupondo que iria simplesmente delimitar suas prioridades, esclarecer suas metas de trabalho e traçar um novo caminho profissional. Mas para sua surpresa, a perspectiva de seu coach o ajudou a ver novas oportunidades em todos os aspectos da vida, não apenas no trabalho.

Às vezes, porém, o coach faz pouco mais do que ajudá-lo a reconhecer o que você já sabe em algum nível. Richard Whiteley, o cofundador de uma consultoria internacional de sucesso e autor de vários best-sellers de negócios, sentiu que já não estava se divertindo como antes. Estava inquieto e queria uma mudança. Para isso, pôs-se a fazer algum trabalho nas horas vagas, ajudando homens de negócios a melhorarem sua eficácia pelo desenvolvimento espiritual. Estava cogitando em deixar sua consultoria para trás e se concentrar no trabalho espiritual — mas estava dividido. Recorreu a um líder espiritual, que disse: "Esqueça o trabalho espiritual e concentre-se no trabalho que vinha fazendo." Somente quando forçado a escolher o caminho errado, Richard pôde reconhecer o que realmente queria fazer. Em poucos meses, ele havia se dedicado a escrever e dar palestras exclusivamente sobre espiritualidade e paixão no trabalho — e está prosperando.

Encontre um sentido novo em território familiar

Nem sempre é viável mudar de empresa ou para uma atividade nova, mesmo que sua situação seja indesejável. E francamente, muitas pessoas não querem fazer grandes mudanças assim. Mas muitas vezes é mais fácil do que você imagina fazer pequenos ajustes para que seu trabalho reflita mais diretamente suas crenças e valores — desde que você saiba do que precisa e tenha coragem de correr certos riscos.

Voltemos a Niall FitzGerald, que precisou decidir se deveria viver e trabalhar na África do Sul. Uma pessoa de princípios fortes, além de um bom cidadão corporativo, FitzGerald acabou decidindo romper com a cultura da empresa aceitando o emprego sob uma condição sem precedentes: se nos próximos seis meses achasse sua relação com o país intolerável, lhe seria permitido assumir outro cargo na Unilever, sem questionamentos.

Ele então partiu para encontrar meios de, na medida do possível, exercer uma influência positiva em seu novo ambiente de trabalho.

Como líder de uma empresa proeminente, FitzGerald tinha certa influência, sem dúvida, mas sabia que não podia atacar o governo diretamente. Sua reação: Descobrir o que ele poderia mudar, fazer a mudança e depois lidar com o sistema. Por exemplo, ao construir uma fábrica nova, um arquiteto mostrou a FitzGerald planos com oito banheiros — quatro masculinos e quatro femininos, segregados pelos quatro maiores grupos raciais, conforme exigido por lei. Juntos, os oito banheiros consumiriam um quarto de um andar inteiro.

FitzGerald rejeitou os planos, anunciando que construiria dois banheiros, um masculino e outro feminino, dentro dos melhores padrões possíveis. Uma vez construída a fábrica, fiscais do governo inspecionaram o prédio, perceberam a discrepância e perguntaram o que ele planejava fazer a respeito. Ele respondeu: "Eles não estão segregados porque optamos por não fazê-lo. Não concordamos com a segregação. São ótimos banheiros — você poderia almoçar no recinto. Não tenho nenhum problema. Você tem um problema, e precisa decidir o que fará. Eu não farei nada." O governo não reagiu imediatamente, mas mais tarde a lei foi discretamente mudada. O ato de rebelião de FitzGerald foi pequeno, mas foi coerente com seus valores e foi a única posição que poderia ter adotado em sã consciência. Defender seus valores desse jeito, em face à oposição, é energizante. Ocasionar uma mudança que pode fazer diferença para as pessoas à nossa volta dá sentido ao nosso trabalho e, para muitas pessoas, gera um compromisso renovado.

Para Rob, o gerente que se viu subordinado a um chefe agressivo, o primeiro passo foi olhar para dentro e admitir que cada dia seria um desafio. Ao compreender bem seus próprios valores, poderia decidir situação após situação como lidar com as exigências de Martin. Poderia decidir se determinada reação emocional era uma reação visceral a um homem que ele não respeitava ou uma reação a uma má ideia que precisaria confrontar. Poderia optar entre fazer o que julgava correto ou ser conivente com o que parecia errado. Sua clareza permitiu permanecer calmo e concentrado, desempenhar bem seu serviço e cuidar da empresa e das pessoas à sua volta. No final, Rob emergiu de uma situação difícil sabendo que conservara sua integridade sem comprometer sua carreira, e nesse período até aprendeu e cresceu profissionalmente. Ele ainda usa o barômetro que desenvolveu durante aqueles anos com Martin para avaliar ações e decisões segundo seus valores, embora as circunstâncias tenham mudado.

Outro executivo com quem trabalhamos, Bart Morrison, dirigiu uma organização sem fins lucrativos por dez anos e era amplamente considerado um sucesso pelos doadores, beneficiários do programa e formuladores de políticas. No entanto, sentia-se inquieto e refletia se um período como executivo de empresa — que significaria uma remuneração maior — satisfaria seu desejo por um desafio novo. Morrison não precisava realmente de mais dinheiro, embora fosse bem-vindo, e tinha uma profunda noção de missão social e comprometimento com o trabalho. Também reconhecia que trabalhar no setor privado não ofereceria desafios novos e significativos. Em um brainstorming feito comigo sobre diferentes rumos que poderia tomar permanecendo no campo das organizações não lucrativas, ocorreu-lhe que poderia escrever livros e dar palestras. Essas novas atividades lhe deram o entusiasmo que vinha buscando e permitiram que permanecesse fiel à sua vocação.

Vale a pena observar que os executivos muitas vezes se sentem ameaçados quando os funcionários começam a perguntar: "Estou fazendo o que quero fazer de minha vida?" O risco de que a resposta será não é bem real, e as empresas podem perder grandes colaboradores. O impulso, então, pode ser tentar suprimir esse questionamento. Muitos executivos também evitam escutar seus próprios sinais, temendo que um olhar atento em seus próprios sonhos e aspirações revele sérios desapontamentos, e que para serem fiéis a si próprios terão de largar seus empregos e sacrificar tudo que tanto se esforçaram para conseguir.

Mas embora as pessoas já não esperem que os líderes tenham todas as respostas, esperam que estejam abertos aos questionamentos que tentem manter viva sua própria paixão e apoiem os funcionários através do mesmo processo. Afinal, mais cedo ou mais tarde, a maioria das pessoas sentirá uma necessidade urgente de reavaliar suas vidas — e se tiverem a chance de prestar atenção ao chamado, provavelmente emergirão mais fortes, sábias e determinadas do que nunca.

Pós-escrito
Originalmente publicado em LinkedIn.com

ENTRANDO NO ESTADO DE FLUXO

18 de novembro de 2013

"Fluxo", o estado em que nos sentimos no comando do que fazemos, sem esforço e dando o melhor de nós, foi descoberto por pesquisadores da Universidade de Chicago. Eles pediram a uma grande variedade de pessoas: "Conte-nos sobre um momento em que você tenha se superado — em que seu desempenho tenha atingido o pico." Não importa quem respondesse — bailarinas, campeões de xadrez, cirurgiões —, todos descreveram o estado de fluxo. Uma das melhores características do fluxo: a sensação é ótima.

Atualmente percebemos que realizamos nosso melhor trabalho naqueles momentos especiais em que estamos em fluxo. E para os líderes ajudarem as pessoas a entrarem em fluxo e ali permanecerem, significa que trabalharão no pico de suas habilidades.

Mas como entrar em fluxo? Ocorrem-me três caminhos principais.

O primeiro compatibiliza as tarefas de uma pessoa com seu conjunto de habilidades. No estudo de Chicago, isso foi expresso em termos do coeficiente entre as habilidades da pessoa e as exigências da tarefa. Quanto mais um desafio requer que mobilizemos nossas melhores habilidades, mais provavelmente seremos absorvidos pelo fluxo.

Se somos pouco desafiados — é tão fácil —, nosso desempenho é prejudicado e acabamos entediados ou desmotivados. Esse é o martírio de grande parte dos trabalhadores do conhecimento, segundo algumas estatísticas. Aumentar o desafio motivaria um maior número dessas pessoas, fazendo talvez com que umas poucas afortunadas entrassem em fluxo.

Outro caminho para o fluxo está em achar um trabalho que adoramos. Fazer aquilo pelo qual somos apaixonados é um sinal do "bom trabalho", o tema de pesquisa de Howard Gardner em Harvard, Bill Damon em Stanford, e Mihalyi Csikzentmihalyi, o descobridor do fluxo. No bom trabalho, alinhamos aquilo em que somos exímios com o que nos mobiliza e também com o que se ajusta à nossa sensação de sentido e propósito. O bom trabalho nos põe numa atitude mental na qual, de novo, o fluxo pode surgir espontaneamente.

O último caminho comum de qualquer abordagem ao fluxo é o foco plenamente absorto. Quanto mais forte a concentração trazida para uma tarefa, maiores as chances de entrarmos em fluxo ao fazê-la. Enquanto os outros caminhos para o fluxo dependem de acertar em coisas externas — o coeficiente desafio/exigência, ou achar um trabalho que alinhe ética, excelência e engajamento —, o foco pleno é uma dimensão interna. Quanto maior nossa capacidade de prestarmos atenção no que escolhemos e ignorarmos as distrações, maior nossa concentração.

O foco forte pode nos pôr em fluxo qualquer que seja a tarefa. Trata-se de uma força interior que desenvolvemos e fortalecemos. A atenção plena, por exemplo, é um meio de fortalecer o músculo da atenção, particularmente quando usada para observar quando nos desviamos de um ponto de foco escolhido e trazer nossa atenção de volta. Trata-se, de fato, da repetição básica para fortalecer a concentração na academia de ginástica mental, segundo pesquisas realizadas na Emory University.

Podemos fortalecer essa habilidade em nosso tempo livre, como ir para a academia de ginástica após o trabalho. Um exercício mental diário em que você usa sua respiração como ponto de concentração e constantemente traz sua mente divagante de volta a ela fortalecerá seu poder de concentração. O fortalecimento regular do cérebro auxilia a achar o caminho para o fluxo, não importa a atividade.

Inteligência social e a biologia da liderança

Escrito com Richard Boyatzis

Publicado originalmente na *Harvard Business Review*,
setembro de 2008

Em 1998, publiquei meu primeiro artigo sobre inteligência emocional e liderança. A reação a "What Makes a Leader?" [O que produz um líder] foi entusiástica. As pessoas através e além da comunidade dos negócios começaram a conversar sobre o papel vital que a empatia e o autoconhecimento desempenham na liderança eficaz. O conceito de inteligência emocional continua ocupando um espaço proeminente na literatura sobre liderança e nas práticas de coaching do dia a dia. Mas nos últimos cinco anos, as pesquisas no campo emergente da neurociência social — o estudo do que acontece no cérebro enquanto as pessoas interagem — estão começando a revelar novas e sutis verdades sobre o que produz um bom líder.

A descoberta notável é que certas coisas que os líderes fazem — especificamente, ter empatia e sintonizar com o estado de espírito dos outros — literalmente afetam sua química do cérebro e a de seus seguidores. De fato, pesquisadores descobriram que a dinâmica líder-seguidor não consiste em dois (ou mais) cérebros independentes reagindo consciente ou inconscientemente entre si. Pelo contrário, as mentes individuais tornam-se, em certo sentido, fundidas em um sistema único. Acreditamos que grandes líderes são aqueles cujo comportamento alavanca de forma poderosa o sistema de interconexão cerebral. Situamos esses líderes na extremidade oposta do continuum neural das pessoas com distúrbios sociais graves, como o distúrbio do espectro do autismo, que se caracterizam pelo subdesenvolvimento em áreas do cérebro associadas às interações sociais. Se estamos certos, isso significa que uma forma potente de se tornar um líder melhor é achar contextos autênticos nos quais aprender os tipos de comportamento social que reforçam os circuitos sociais do cérebro. A eficácia na liderança, em outras palavras, envolve menos dominar situações — ou mesmo dominar conjuntos de habilidades sociais — do que desenvolver um interesse e talento genuínos em promover sentimentos positivos nas pessoas de cuja cooperação e apoio você necessita.

A noção de que a liderança eficaz consiste em circuitos sociais poderosos no cérebro nos fez ampliar o conceito de inteligência emocional, que havíamos baseado em teorias da psicologia individual. Um conceito para avaliar a liderança com base nos relacionamentos é a inteligência social, que definimos como um conjunto de competências interpessoais baseadas em circuitos neurais específicos (e sistemas endócrinos relacionados) que inspiram os outros a serem eficazes.

A ideia de que os líderes precisam de habilidades sociais não é nova. Em 1920, o psicólogo da Universidade de Columbia Edward Thorndike observou que "o melhor mecânico de uma fábrica pode fracassar como supervisor por falta de inteligência social". Mais recentemente, nosso colega Claudio Fernández-Aráoz descobriu, ao analisar novos executivos de alto escalão, que aqueles que haviam sido contratados por sua autodisciplina, motivação e intelecto às vezes eram mais tarde despedidos por falta de habilidades sociais básicas. Em outras palavras, as pessoas que Fernández-Aráoz estudou tinham muita inteligência, mas sua incapacidade de se relacionarem socialmente no trabalho acarretou fracasso profissional.

A novidade em nossa definição de inteligência social é sua base biológica, que exploraremos nas páginas seguintes. Baseando-nos no trabalho de neurocientistas, em nossas próprias pesquisas e em trabalhos de consultorias, bem como nas descobertas dos pesquisadores filiados ao Consortium for Research on Emotional Intelligence in Organizations (Consórcio para Pesquisa da Inteligência Emocional em Organizações), mostraremos como traduzir os conhecimentos recém-adquiridos sobre neurônios-espelho, células fusiformes e osciladores em comportamentos socialmente inteligentes e práticos que podem reforçar os vínculos neurais entre você e seus seguidores.

■ SEGUIDORES ESPELHAM SEUS LÍDERES: LITERALMENTE

Talvez a mais espantosa descoberta recente na neurociência comportamental seja a identificação de neurônios-espelho em áreas amplamente dispersas do cérebro. Neurocientistas italianos os descobriram por acaso enquanto monitoravam uma célula específica no cérebro de um macaco ativada somente quando este levantava o braço. Um dia um assistente de laboratório levou uma casquinha de sorvete à boca e desencadeou uma reação na célula do macaco. Foi o primeiro indício de que o cérebro está cheio de neurônios que imitam, ou espelham, o que outro ser faz. Essa classe antes desconhecida de células cerebrais opera como um Wi-Fi neural, permitindo que naveguemos por nosso mundo social. Quando consciente ou inconscientemente detectamos as emoções de outra pessoa através de suas ações, nossos neurônios-espelho reproduzem tais emoções. Coletivamente, esses neurônios criam uma sensação instantânea de experiência compartilhada.

Os neurônios-espelho têm uma importância particular nas organizações, porque as emoções e ações dos líderes induzem os seguidores a espelharem tais sentimentos e feitos. Os efeitos de ativar os circuitos neurais no cérebro dos seguidores podem ser bem poderosos. Em um estudo recente, nossa colega Marie Dasborough observou dois grupos: um recebeu um feedback de desempenho negativo seguido por sinais emocionais positivos — a saber, movimentos de cabeça e sorrisos. O outro recebeu um feedback positivo que foi transmitido criticamente, com caras fechadas e olhos semicerrados. Em entrevistas subsequentes conduzidas para comparar os estados emocionais dos dois grupos, as pessoas que haviam recebido feedback positivo acompanhado de sinais emocionais negativos relataram sentimentos piores sobre seu desempenho do que os participantes que receberam feedback negativo de forma amigável. De fato, a forma de transmissão foi mais importante do que a própria mensagem. E todos sabem que, quando as pessoas se sentem melhor, seu desempenho melhora. Assim, se os líderes esperam obter o melhor de sua equipe, deveriam continuar sendo exigentes, mas de modo a estimular um humor positivo em suas equipes. A velha abordagem dos incentivos e punições sozinha não faz sentido neural. Os sistemas tradicionais simplesmente não são suficientes para extrair o melhor desempenho dos seguidores.

Eis um exemplo do que funciona. Acontece que existe um subconjunto de neurônios-espelho cuja única função é detectar os sorrisos e risos das outras pessoas, desencadeando sorrisos e risos como reação. Um chefe controlado e sério raramente mobilizará tais neurônios nos membros de sua equipe, mas um chefe que ri e estabelece um tom descontraído põe esses neurônios em funcionamento, desencadeando risos espontâneos e unindo sua equipe no processo. Um grupo unido tem um bom desempenho, como nosso colega Fabio Sala mostrou em sua pesquisa. Ele descobriu que líderes com desempenho superior extraíam risos de seus subordinados em média três vezes mais do que líderes com desempenho mediano. Estar de bom humor, outra pesquisa constata, ajuda as pessoas a assimilarem eficazmente as informações e reagirem de forma ágil e criativa. Em outras palavras, o riso é um negócio sério.

Isso certamente fez uma diferença em um hospital universitário em Boston. Dois médicos que chamaremos de dr. Burke e dr. Humboldt estavam disputando o cargo de CEO da corporação que administrava aquele e outros hospitais. Ambos chefiavam departamentos, eram ótimos médicos e haviam publicado vários artigos, amplamente citados, em prestigiosas revistas médicas. Mas os dois tinham personalidades bem diferentes. Burke era sério, concentrado na tarefa e impessoal. Era um perfeccionista inveterado com um tom combativo que mantinha seu pessoal continuamente tenso. Humboldt não era menos exigente, mas era muito acessível, até brincalhão, no relacionamento com a equipe, colegas e pacientes. Observadores notavam que as pessoas sorriam e brincavam umas com as outras — e até desabafavam — mais no departamento de Humboldt do que no de Burke. Os funcionários mais talentosos acabavam deixando o departamento de Burke. Em contraste, pessoas excepcionais gravitavam para o clima de trabalho mais cordial de Humboldt. Reconhecendo o estilo de liderança socialmente inteligente de Humboldt, o conselho diretor da corporação do hospital elegeu-o como o novo CEO.

■ O LÍDER "FINAMENTE SINTONIZADO"

Grandes executivos com frequência falam em liderar por intuição. De fato, ter bons instintos é amplamente reconhecido como uma vantagem para um líder em qualquer contexto, quer ao captar o estado de espírito de sua organização ou conduzir uma negociação delicada com a concorrência. Pesquisadores da liderança caracterizam esse talento como uma capacidade de reconhecer padrões, geralmente resultante de uma ampla experiência. Seu conselho: Confie na sua intuição, mas aceite contribuições ao tomar decisões. Essa é uma prática sensata, é claro, mas os gerentes nem sempre dispõem de tempo para consultar dezenas de pessoas.

Descobertas na neurociência sugerem que essa abordagem é provavelmente cautelosa demais. A intuição também está no cérebro, produzida em parte por uma classe de neurônios chamados células fusiformes devido ao seu formato. Seu tamanho corporal é cerca de quatro vezes o das outras células cerebrais, com um ramo extralongo para facilitar a ligação com outras células e agilizar a transmissão de pensamentos e sentimentos. Essa conexão ultrarrápida de emoções, crenças e julgamentos cria o que os cientistas do comportamento denominam nosso sistema de orientação social. As células fusiformes desencadeiam redes neurais que entram em ação sempre que temos de escolher a melhor reação dentre muitas — mesmo para uma tarefa tão rotineira como priorizar uma lista de afazeres. Essas células também nos ajudam a avaliar se alguém é confiável e adequado (ou não) para um emprego. Em um vigésimo de segundo, nossas células fusiformes ativam informações sobre como nos sentimos em relação a tal pessoa. Esses julgamentos "dinâmicos" podem ser bem exatos, como revelam indicadores subsequentes. Portanto, os líderes não devem ter medo de agir baseados neles, desde que também estejam sintonizados aos humores dos outros.

Tal sintonia é literalmente física. Seguidores de um líder eficaz sentem afinidade por ele — ou o que nós e nossa colega Annie McKee denominamos "ressonância". Grande parte desse sentimento surge inconscientemente, graças aos circuitos dos neurônios-espelho e das células fusiformes. Mas outra classe de neurônios também está envolvida: osciladores coordenam as pessoas fisicamente, regulando como e quando seus corpos se movem juntos. Você pode ver osciladores em ação quando observa pessoas prestes a se beijar. Seus movimentos parecem uma dança, um corpo reagindo ao outro naturalmente. A mesma dinâmica ocorre quando dois violoncelistas tocam juntos. Não apenas tocam suas notas em uníssono, mas graças aos osciladores os hemisférios cerebrais direitos dos dois músicos estão mais intimamente coordenados do que os lados esquerdo e direito de seus cérebros individuais.

ATIVAÇÃO DOS NEURÔNIOS SOCIAIS

A ativação dos neurônios sociais é evidente à nossa volta. Certa vez, analisamos um vídeo de Herb Kelleher, cofundador e ex-CEO da Southwest Airlines, percorrendo os corredores de Love Field, em Dallas, o terminal da companhia de aviação. Pudemos praticamente vê-lo ativar os neurônios-espelho, osciladores e outros circuitos sociais em cada pessoa que encontrava. Ele oferecia sorrisos radiantes, dava a mão aos clientes enquanto contava como apreciava suas empresas, abraçava funcionários enquanto agradecia pelo bom trabalho prestado. E recebia de volta exatamente o que dava. Um caso típico foi a comissária de bordo cujo rosto se iluminou ao inesperadamente encontrar seu chefe. "Oh, meu bem!", ela disse, cheia de ternura, e lhe deu um forte abraço. Ela mais tarde explicou: "Todos se sentem em família com ele."

Infelizmente, não é fácil se transformar num Herb Kelleher ou num dr. Humboldt se você ainda não é um deles. Não conhecemos nenhum método definido para fortalecer neurônios-espelho, células fusiformes e osciladores. Eles são ativados aos milhares por segundo durante qualquer encontro social, e seus padrões de ativação precisos permanecem um mistério. Além disso, tentativas conscientes de exibir inteligência emocional podem sair pela culatra. Quando você faz um esforço intencional para coordenar movimentos com outra pessoa, não são apenas osciladores que são ativados. Em tais situações, o cérebro usa outros circuitos, menos aptos, para iniciar e guiar os movimentos. Como resultado, a interação parece forçada.

A única maneira de desenvolver eficazmente seus circuitos sociais é fazer o trabalho duro de mudar seu comportamento. Empresas interessadas no desenvolvimento da liderança precisam começar avaliando a disposição dos indivíduos de ingressarem num programa de mudança. Candidatos dispostos deveriam primeiro desenvolver uma visão pessoal para a mudança e depois se submeter a uma minuciosa avaliação de diagnóstico, semelhante a checkups médicos, para identificar áreas de fraqueza e força social. Dotado desse feedback, o aspirante a líder pode ser treinado em áreas específicas, nas quais desenvolver habilidades sociais melhores trará maiores benefícios. O treinamento pode variar: ensaiar formas melhores de interagir e testá-las a cada oportunidade, ser seguido por um coach e depois informado do que ele observou, aprender diretamente com uma pessoa inspiradora. As opções são muitas, mas o caminho para o sucesso é sempre duro.

■ COMO SE TORNAR SOCIALMENTE MAIS INTELIGENTE

Para ver o que o treinamento em inteligência social envolve, vejamos o caso de uma alta executiva que chamaremos de Janice. Ela havia sido contratada como gerente de marketing por uma empresa da lista das quinhentas maiores da *Fortune* devido à sua experiência empresarial, currículo excepcional como pensadora e planejadora estratégica, reputação de alguém que falava honestamente e sem rodeios e capacidade de prever problemas empresariais que eram cruciais para cumprir as metas. Em seus seis primeiros meses no cargo, porém, Janice vinha fracassando. Outros executivos a viam como agressiva e obstinada, sem sagacidade política e descuidada sobre o que dizia e para quem, especialmente seus superiores.

Para salvar a líder promissora, o chefe de Janice convocou Kathleen Cavallo, uma psicóloga organizacional e consultora sênior do Hay Group, que imediatamente submeteu Janice a uma avaliação de 360 graus. Seus subordinados diretos, colegas e gerentes deram a Janice notas baixas em empatia, orientação para o serviço, adaptabilidade e gestão de conflitos. Cavallo soube de outras coisas por meio de conversas confidenciais com as pessoas que trabalhavam mais estreitamente com Janice. As queixas se concentravam em sua incapacidade de se entrosar com as pessoas ou mesmo perceber suas reações. Moral da história: Janice não sabia interpretar as normas sociais de um grupo nem reconhecer as deixas emocionais das pessoas quando ela violava aquelas normas. Ainda mais perigoso, Janice não percebia que estava sendo rude demais ao lidar com os superiores. Quando tinha uma forte diferença de opinião com um gerente, não tinha noção de quando recuar. Sua abordagem de "vamos pôr os pratos na mesa e misturar tudo" vinha ameaçando seu emprego. A alta direção estava ficando farta.

Quando Cavallo apresentou o feedback de seu desempenho como um alerta, claro que ela se abalou ao descobrir que seu cargo poderia estar em risco. O que mais a contrariou, porém, foi a percepção de que não estava tendo o impacto desejado sobre as outras pessoas. Cavallo iniciou sessões de coaching em que Janice descrevia sucessos e fracassos notáveis do seu dia. Quanto mais tempo Janice passava analisando esses incidentes, melhor se tornava em reconhecer a diferença entre expressar uma ideia com convicção e agir feito um pit bull. Começou a prever como as pessoas poderiam reagir a ela numa reunião ou durante uma avaliação de desempenho negativa. Ensaiou formas mais sutis de apresentar suas opiniões e desenvolveu uma visão pessoal para a mudança. Tal preparação mental ativa os circuitos sociais do cérebro, fortalecendo as conexões neurais de que você precisa para agir eficazmente. Por isso atletas olímpicos dedicam centenas de horas à análise mental de seus lances.

Em certo ponto, Cavallo pediu que Janice nomeasse um líder em sua organização com excelentes habilidades de inteligência social. Janice identificou um alto gerente veterano que era mestre na arte da crítica e de expressar desacordo em reuniões sem prejudicar os relacionamentos. Pediu que ajudasse a orientá-la e mudou para uma função na qual pudesse trabalhar com ele — um cargo que manteve por dois anos. Janice teve a sorte de achar um mentor que acreditava que parte da tarefa de um líder é desenvolver capital humano. Muitos chefes prefeririam evitar o funcionário problemático a ajudá-lo a melhorar. O novo chefe de Janice a aceitou porque reconheceu suas outras forças como valiosas, e sua intuição lhe disse que Janice poderia melhorar com orientação.

Antes das reuniões, o mentor de Janice a instruía sobre como expressar seu ponto de vista em relação a questões controversas e como se dirigir aos supervisores, e demonstrou para ela a arte do feedback de desempenho. Ao observá-lo dia após dia, Janice aprendeu a respeitar as pessoas mesmo desafiando suas posições ou criticando seu desempenho. Passar um período com um modelo-vivo, em carne e osso, do comportamento eficaz fornece o estímulo perfeito para nossos neurônios-espelho, permitindo que experimentemos diretamente, internalizemos e, em última análise, imitemos o que observamos.

■ AS MULHERES TÊM CIRCUITOS SOCIAIS MAIS FORTES?

As pessoas costumam perguntar se diferenças de gênero influenciam as habilidades de inteligência social necessárias à liderança excepcional. A resposta é sim e não. É verdade que mulheres tendem, em média, a ser melhores que os homens em detectar imediatamente as emoções das outras pessoas, enquanto os homens tendem a ter mais confiança social, ao menos em ambientes de trabalho. Entretanto, as diferenças substanciais de inteligência social entre os gêneros presentes na população em geral estão quase ausentes entre os líderes mais bem-sucedidos.

Quando Margaret Hopkins, da Universidade de Toledo, estudou centenas de executivos de um grande banco, encontrou diferenças de inteligência social entre gêneros no grupo em geral, mas não entre os homens e as mulheres mais eficazes. Ruth Malloy, do Hay Group, descobriu um padrão semelhante quando estudou os CEOs de empresas internacionais. O gênero, claramente, não é o destino neural.

A transformação de Janice foi genuína e abrangente. Em certo sentido, ela foi como uma pessoa e veio como outra. Se você pensar a respeito, eis uma lição importante da neurociência: porque nosso comportamento cria e desenvolve redes neurais, não somos necessariamente prisioneiros de nossos genes e das experiências da primeira infância. Líderes podem mudar se, como Janice, estiverem dispostos. À medida que ela progredia no treinamento, os comportamentos sociais que estava aprendendo se tornaram mais automáticos. Em termos científicos, com a prática Janice estava fortalecendo seus circuitos sociais. E conforme os outros reagiam a ela, seus cérebros se conectavam com o dela mais profunda e eficazmente, reforçando assim os circuitos de Janice em um círculo virtuoso. O desfecho: Janice passou da iminência da demissão para a promoção a um cargo dois níveis acima.

Alguns anos depois, membros da equipe de Janice deixaram a empresa por não estarem satisfeitos — assim, ela pediu que Cavallo voltasse. Ele descobriu que, embora Janice tivesse dominado a habilidade de se comunicar e conectar com a gerência e os colegas, às vezes não percebia deixas de seus subordinados diretos quando tentavam sinalizar sua frustração. Com mais ajuda de Cavallo, Janice conseguiu reverter a situação reconcentrando sua atenção nas necessidades emocionais de sua equipe e fazendo o ajuste fino de seu estilo de comunicação. Pesquisas de opinião conduzidas com a equipe de Janice antes e após a segunda rodada de coaching de Cavallo documentaram aumentos substanciais no empenho emocional e na intenção de permanecer na organização. Janice e a equipe também obtiveram um aumento de 6 por cento nas vendas anuais, e após outro ano de sucesso ela foi nomeada presidente de uma unidade multibilionária. As empresas podem claramente se beneficiar muito submetendo as pessoas ao tipo de programa que Janice realizou.

■ INDICADORES OBJETIVOS DE INTELIGÊNCIA SOCIAL

Nos últimos dez anos, nossas pesquisas confirmaram que existe uma grande diferença de desempenho entre líderes socialmente inteligentes e ininteligentes. Num grande banco nacional, por exemplo, constatamos que os níveis de habilidades de inteligência social de um executivo prognosticavam avaliações de desempenho anuais bem melhores do que os níveis de habilidades de inteligência emocional da autoconsciência e autogestão.

■ VOCÊ É UM LÍDER SOCIALMENTE INTELIGENTE?

Para medir a inteligência social de um executivo e ajudá-lo a desenvolver um plano para melhorá-la, um especialista administra nossa ferramenta de avaliação comportamental, o Inventário de Competência Emocional e Social. Trata-se de um instrumento de avaliação de 360 graus pelo qual chefes, colegas, subordinados diretos, clientes e às vezes até membros da família avaliam um líder de acordo com sete qualidades da inteligência social.

Chegamos a essas sete qualidades integrando nosso esquema de inteligência emocional existente com dados reunidos por nossos colegas do Hay Group, que usaram indicadores objetivos para captar o comportamento de líderes de alto desempenho em centenas de empresas durante duas décadas. Aqui estão listadas cada uma das qualidades, seguidas por algumas das perguntas que fazemos para avaliá-las.

Empatia
- Você compreende o que motiva as outras pessoas, mesmo aquelas com backgrounds diferentes?
- Você é sensível às necessidades dos outros?

Sintonia
- Você escuta atentamente e pensa sobre como os outros se sentem?
- Você está sintonizado com o estado de espírito dos outros?

Percepção organizacional
- Você reconhece a cultura e os valores do grupo ou da organização?
- Você entende as redes sociais e conhece suas normas implícitas?

Influência
- Você persuade os outros envolvendo-os em discussões e recorrendo aos próprios interesses deles?
- Você obtém apoio de pessoas-chave?

Desenvolvimento dos outros
- Você treina e orienta os outros com compaixão e pessoalmente investe tempo e energia na orientação?
- Você fornece o feedback que as pessoas acham proveitoso para seu desenvolvimento profissional?

Inspiração
- Você expressa uma visão convincente, desenvolve o orgulho do grupo e promove um tom emocional positivo?
- Você lidera extraindo o melhor das pessoas?

Trabalho de equipe
- Você solicita contribuições de todos na equipe?
- Você apoia todos os membros da equipe e encoraja a cooperação?

A inteligência social revela-se especialmente importante em situações de crise. Vejamos a experiência dos funcionários de um grande sistema provincial canadense de assistência médica que passara por drásticas reduções de despesas e reorganização. Pesquisas internas revelaram que os trabalhadores da linha de frente ficaram frustrados por não poderem mais dispensar aos seus pacientes um alto nível de cuidados. Notadamente, trabalhadores com líderes de baixa inteligência social relataram uma taxa de insatisfação de pacientes três vezes maior — e de exaustão quatro vezes maior — que seus colegas com líderes apoiadores. Ao mesmo tempo, enfermeiras com chefes socialmente inteligentes relataram uma boa saúde emocional e uma capacidade maior de cuidar de seus pacientes, mesmo durante o estresse das demissões. Esses resultados deveriam ser uma leitura compulsória para os conselhos diretores de empresas em crise. Esses conselhos costumam dar preferência ao expertise e não à inteligência social, quando selecionam alguém para orientar a instituição por períodos difíceis. Um gerente de crise precisa das duas coisas.

Ao explorarmos as descobertas da neurociência, ficamos impressionados com a correlação estreita entre as melhores teorias psicológicas do desenvolvimento e os recém-mapeados circuitos permanentes do cérebro. Ainda na década de 1950, por exemplo, o pediatra e psicanalista britânico D. W. Winnicott defendia as brincadeiras como uma forma de acelerar o aprendizado das crianças. Da mesma forma, o médico e psicanalista britânico John Bowlby enfatizou a importância de fornecer uma base segura da qual as pessoas pudessem tentar alcançar suas metas, correr riscos sem medo injustificável e explorar livremente novas possibilidades. Executivos teimosos podem considerar absurdamente indulgente e financeiramente insustentável preocupar-se com tais teorias num mundo onde o desempenho financeiro é a medida do sucesso. Mas à medida que novas formas de medir de forma científica o desenvolvimento humano começam a confirmar essas teorias e vinculá-las diretamente ao desempenho, o chamado lado brando dos negócios começa a não parecer tão brando assim.

■ A QUÍMICA DO ESTRESSE

Quando as pessoas estão sob estresse, aumentos nos hormônios adrenalina e cortisol afetam fortemente raciocínio e cognição. Em níveis baixos, o cortisol facilita o pensamento e outras funções mentais, de modo que uma pressão oportuna pelo desempenho e críticas direcionadas a subordinados certamente têm seu lugar. Mas quando as exigências de um líder tornam-se grandes demais para um subordinado, níveis exagerados de cortisol e o impacto adicional da adrenalina podem paralisar as habilidades críticas da mente. A atenção se fixa na ameaça do chefe em vez de no trabalho por fazer. A memória, o planejamento e a criatividade desaparecem. As pessoas voltam aos velhos hábitos, por mais inadequados que sejam, para atacar os novos desafios.

Uma crítica mal formulada e demonstrações de raiva por parte dos líderes são desencadeadores comuns de aumentos hormonais. De fato, quando cientistas de laboratório querem estudar os níveis máximos dos hormônios do estresse, simulam uma entrevista de emprego na qual um candidato recebe intensas críticas cara a cara — o equivalente a um chefe destroçando o desempenho de um subordinado. De forma semelhante, pesquisadores constatam que, quando alguém muito importante para uma pessoa expressa desprezo ou descontentamento com ela, seus circuitos do estresse desencadeiam uma explosão dos hormônios do estresse e um aumento nos batimentos cardíacos de trinta para quarenta por minuto. Então, devido à dinâmica interpessoal dos neurônios-espelho e osciladores, a tensão contagia outras pessoas. Antes que você perceba, as emoções destrutivas infectaram o grupo inteiro e inibiram seu desempenho.

Os próprios líderes não estão imunes ao contágio do estresse. Mais um motivo para dedicarem algum tempo à compreensão da biologia de suas emoções.

Pós-escrito
Originalmente publicado em LinkedIn.com

OS HÁBITOS-CHAVE DE BONS LÍDERES

2 de maio de 2013

Os líderes atuais estão cercados por tarefas opressivas — compromisso a cada 15 minutos ao longo do dia, um bombardeio de mensagens via telefone, e-mail, textos e batidas na porta. Quem tem tempo de prestar total atenção à pessoa com quem se está?

Porém, são nos momentos de atenção total que a química interpessoal ocorre. É quando o que dizemos tem o maior impacto, quando podemos sugerir ideias e colaborações mais frutíferas, quando as negociações e o brainstorming são mais produtivos.

E tudo começa com a audição, voltar plenamente nossa atenção à pessoa com quem estamos. Não se trata apenas dos líderes, é claro. Todos estamos cercados de perturbações, atrasados em nossas listas de afazeres, realizando várias tarefas ao mesmo tempo.

Um estudo clássico de médicos e pacientes indagou a pessoas na sala de espera do consultório quantas perguntas tinham para seu médico. A média foi de umas quatro. O número de perguntas que realmente fizeram durante a consulta com o médico girou em torno de uma e meia. A razão? Uma vez que o paciente começava a falar, em média 16 segundos depois o médico o interrompia e assumia o controle da conversa.

Essa é uma boa analogia com o que acontece nos escritórios por toda parte. Estamos ocupados demais (achamos) para dedicar tempo a ouvir plenamente.

Isso leva à doença do local de trabalho: ignorar o que a outra pessoa está dizendo antes de entendê-la plenamente — e dizer-lhe o que achamos cedo demais. A audição real significa ouvir a pessoa até o fim e depois responder, em diálogo mútuo.

Eis portanto um mau hábito por substituir — não ouvir direito — e uma alternativa positiva para praticar em seu lugar.

As pessoas são notoriamente fracas em mudar de hábitos. Descobertas da neurociência deixam claro por quê: os hábitos operam a partir dos gânglios basais, na parte inconsciente da mente. São automáticos e quase sempre invisíveis, mesmo ao determinarem o que fazemos.

Esse esquema funciona bem na maioria das vezes. O repertório de hábitos inconscientes dos gânglios basais inclui de tudo: desde como você utiliza o smartphone (depois que dominou os detalhes) até como escova os dentes. Não queremos ter de pensar nessas rotinas — e nosso cérebro não quer desperdiçar com elas a energia mental que seria necessária.

Mas quando se trata de hábitos inúteis, esse esquema cria uma barreira à sua mudança para melhor. Não os percebemos e, assim, não temos nenhum controle. Precisamos nos conscientizar do hábito, o que transfere o controle aos centros executivos do cérebro na área pré-frontal. Isso nos oferece uma escolha que não tínhamos antes.

O segredo é estar atento àqueles momentos em seu dia nos quais você tem uma oportunidade natural de praticar a boa audição. Com frequência, esses momentos passam despercebidos e resvalamos nos velhos e maus hábitos.

Uma vez que você perceba que o momento chegou, eis outra tarefa para a atenção plena: lembrá-lo do hábito melhor. Nesse caso, você intencionalmente interromperia o que está fazendo, ignoraria seu telefone e e-mail, interromperia seu fluxo de pensamento — e prestaria total atenção à pessoa à sua frente.

UM ANTÍDOTO AO LADO SOMBRIO DA IE

5 de janeiro de 2014

Não idealizemos a inteligência emocional. Como qualquer outro conjunto de habilidades humanas — QI, habilidades de *hacking*, força — pode ser usada para fins egoístas ou para o bem comum, como mostra o artigo de

Adam Grant para *The Atlantic* intitulado "O lado sombrio da inteligência emocional".

Você vê o lado sombrio em ação quando a IE é usada para manipular os outros, não para o aperfeiçoamento de uma organização. A inteligência emocional (ou IE), em meu modelo, refere-se à nossa capacidade de interpretar e entender emoções em nós e nos outros e de lidar eficazmente com tais sentimentos. Em geral, um nível alto de IE prognostica mais sucesso na escola e na carreira, nos relacionamentos e em viver uma vida satisfatória. Para os líderes, a IE pode fazer a diferença entre o sucesso e o fracasso.

Mas a IE não é apenas uma habilidade única em que somos bons ou não: podemos ser fortes em uma parte da IE — como excelente autogestão, a chave da autodisciplina, cumprimento de metas e determinação — enquanto falhamos em outras partes, como empatia ou habilidades sociais. Na verdade, esse padrão é comum no local de trabalho, marcando aqueles com desempenho individual excepcional (em programação, digamos) mas que não são capazes de atuar bem como parte de uma equipe ou como um líder.

Dentro de cada componente da IE podemos fazer distinções sutis. Assim, quando se trata de empatia — a capacidade de entender como outra pessoa experimenta o mundo — existem tipos diferentes, cada qual com seus próprios benefícios.

A empatia cognitiva refere-se à capacidade de sentir como outra pessoa pensa. Pode nos ajudar a sermos melhores comunicadores colocando as coisas em termos que a outra pessoa compreenda. Pesquisas mostram que gerentes com esse tipo de empatia obtêm resultados acima do esperado de seus subordinados diretos. E executivos com empatia cognitiva elevada saem-se melhor em cargos no exterior, por conseguirem captar mais rápido as normas sociais implícitas e os modelos mentais de uma cultura nova.

A empatia emocional significa que sentimos em nós as emoções de outras pessoas — nossos sentimentos ressoam. Pessoas exímias em empatia emocional conseguem formar vínculos amigáveis com outras e têm uma boa química. Essas afinidades fazem com que as negociações, trabalho de equipe e quase toda tarefa compartilhada andem melhor.

Também existe a preocupação empática, a sensibilidade às necessidades das outras pessoas e a disposição em ajudá-las se preciso. Funcionários com tais preocupações são os bons cidadãos de qualquer organização, aqueles com quem todos os outros sabem que podem contar quando a pressão aumenta. Entre os líderes, aqueles com preocupação empática criam uma "base segura", a sensação de que seu chefe está do seu lado, irá apoiá-lo e protegê-lo quando você precisar e te dará a segurança de correr riscos e testar formas novas de operar — a chave da inovação.

Esse é o tipo de empatia que serve de antídoto para o lado sombrio da inteligência emocional — o uso manipulativo dos talentos de IE a serviço dos próprios interesses e à custa dos outros. Narcisistas, maquiavélicos e sociopatas fazem isso, como detalhei em *Foco: A atenção e seu papel fundamental para o sucesso*. Um estudo norueguês descobriu que homens que careciam de preocupação empática na infância eram mais propensos a ir parar na prisão como criminosos.

Preocupação empática significa que nos preocupamos com o bem-estar das pessoas à nossa volta. É a motivação oposta aos tipos egoístas que usam quaisquer habilidades de influência ou outras habilidades de empatia somente para seu próprio interesse — os Bernie Madoffs dentre nós. É a preocupação empática que devemos buscar ao contratar, ao promover e ao desenvolver talento de liderança.

O foco triplo do líder

*Adaptado de Foco: A atenção e seu
papel fundamental para o sucesso*

UMA TAREFA BÁSICA da liderança é conduzir a atenção. Os líderes nos dizem onde concentrar nossas energias. Mas também precisam gerir sua própria atenção. Líderes que fazem isso eficazmente levantarão voo, aqueles que não fazem tropeçarão. A razão é simples. "Teu foco", Yoda nos lembra, "é tua realidade".

Conduzir bem a atenção requer uma percepção clara de onde, quando, por que e em que direção precisamos dirigir nossa consciência. Líderes fazem isso de várias maneiras. A simples enunciação de uma nova estratégia, por exemplo, sinaliza uma mudança na atenção organizacional. Pessoas em cada função básica, das finanças ao marketing, farão essa mudança à sua própria maneira.

Por que meu foco no próprio foco? Baseei meus textos sobre inteligência emocional em duas disciplinas então novas: neurociência afetiva e social. A neurociência afetiva removeu a cortina sobre como nossos cérebros lidam com a emoção. A neurociência social revelou o poder de uma ligação virtual de cérebro para cérebro que age como um conduto para emoções durante nossas interações. Ambas conjuntamente têm oferecido insights reveladores para compreendermos o poder da inteligência emocional na liderança.

Mais recentemente, venho acompanhando um grande avanço nas descobertas sobre o cérebro e a atenção, à medida que cientistas têm feito imagens da atividade cerebral de pessoas envolvidas nas variedades do foco.

Essa ciência nova levou-me a uma apreciação nítida do papel sutil, mas poderoso, da atenção na arte da liderança.

Por exemplo, a neuroanatomia da atenção e emoção mostra que elas estão surpreendentemente entrelaçadas nos circuitos cerebrais. As emoções são a maneira de o cérebro direcionar a atenção. Gerenciar a atenção é a maneira como a mente controla a emoção.

Uma mudança ligeira em nossas lentes sobre a inteligência emocional realça como o foco importa para a liderança. As competências da inteligência emocional que distinguem os melhores líderes da média, ao que se revela, estão entrelaçadas com elementos da atenção, mesmo no nível mais básico das conexões neurais.

A autoconsciência e autogestão, empatia e habilidades sociais são os quatro componentes principais da inteligência emocional. A autoconsciência e suas habilidades resultantes na autogestão dependem de voltarmos a atenção para dentro. A empatia, a base de lidar bem com os relacionamentos, requer uma atenção forte nos outros.

Para líderes, esse foco interno e dirigido aos outros, eu acrescentaria uma terceira orientação: uma consciência externa capaz de interpretar a corrente significativa dentro de uma organização e examinar eventos e forças que a impactam. Todo líder precisa de uma tríade de consciência — Interna, no Outro e Externa — em abundância, em equilíbrio apropriado e com a flexibilidade de exercer a consciência certa no momento certo. Pouco demais de qualquer uma delas pode deixar um líder vulnerável a perder o rumo, ficar sem pistas ou ser pego de surpresa — ou pior, todas as três coisas.

■ FOCO INTERNO

Os líderes atuais estão cercados por perturbações: recados urgentes, compromissos a cada 15 minutos, decisões das mais variadas, sobre desde funcionários a estratégias. Uma ou duas décadas atrás poucos executivos viajavam com a tecnologia que faz com que, aonde quer que vão, estejam mergulhados em uma torrente de mensagens e dados, o tempo inteiro. Agora quase todos viajam com ela.

Esse fluxo de intromissões desvia a atenção do que está imediatamente à frente. Esses tons de chamada aparentemente urgentes podem não ser para o que é importante neste momento. O esforço em manter um foco aguçado no que importa, apesar das intromissões, disputa a atenção nos circuitos do cérebro.

"Esforço cognitivo" é o termo científico para o trabalho mental exigido por nossa carga diária de informações. Assim como os músculos, nossa atenção pode sofrer sobrecarga. A fadiga da atenção manifesta-se em forma de uma menor eficácia com uma dispersividade e irritabilidade crescentes. Estas sinalizam o esgotamento da glicose que alimenta a energia neural.

Concentração significa selecionar um ponto de foco único e resistir à atração de todo o resto — examinar para descobrir o que é importante no mar de irrelevâncias. Executivos que fazem isso bem são capazes de monitorar sua própria atenção. São ativos e concentrados, e não exauridos e distraídos.

Mas um foco concentrado em metas não é o único tipo de atenção de que os líderes precisam. Criatividade e inovação, por exemplo, exigem uma atenção mais aberta e relaxada. A autoconsciência novamente mostra seu valor: monitorar a nós mesmos permite que verifiquemos se nosso modo de atenção é adequado à necessidade do momento.

Na atenção "de cima para baixo" escolhemos ativamente o objeto de nossa atenção. Atenção "de baixo para cima" significa que estamos vivendo no piloto automático, deixando que nosso foco seja determinado pelo que aparece. Isso pode nos tornar títeres involuntários das preferências e pontos cegos de nossa mente inconsciente. Existe um lugar para isso na vida, é claro — mas não necessariamente no trabalho.

"Controle cognitivo" é o termo científico para prestar atenção onde queremos e mantê-la ali em face das tentações de divagar — uma capacidade mental essencial da autoconsciência. Esse foco concentrado representa um aspecto da função executiva do cérebro, localizada no córtex pré-frontal — a área logo atrás da testa que atua como gerente do cérebro.

Vejamos as implicações para a liderança de um estudo-modelo de excelência do sucesso, um projeto longitudinal em Dunedin, Nova Zelândia, que rigorosamente testou o controle cognitivo de mais de mil meninos e meninas e depois os localizou quando haviam chegado à casa dos 30 anos. O resultado espantoso: sua capacidade na infância de se concentrar em uma só coisa e ignorar as distrações foi um precursor de seu sucesso financeiro mais forte do que o QI ou a riqueza da família em que cresceram.

Nos executivos, o controle cognitivo contém a chave para competências de liderança como a autogestão — a capacidade de se concentrar em uma meta e a disciplina para persegui-la apesar das distrações e reveses. Os mesmos circuitos neurais que permitem a realização obstinada de metas também controlam as emoções rebeldes. Um bom controle cognitivo pode ser visto nos executivos que permanecem calmos durante crises, dominam sua própria agitação e se recuperam do fracasso ou derrota.

A autoconsciência pode ser vista também naqueles executivos que são claros e francos sobre suas forças e seus limites. Embora isso signifique que possam ser confiantes em seu desempenho quando estão aplicando essas forças, também significa que sabem quando suas limitações recomendam que recorram a outra pessoa com fortes habilidades nessa área.

Outra variedade de autoconsciência nos sintoniza com os circuitos neurais internos que monitoram todo o nosso corpo, inclusive nossos algoritmos éticos internalizados para o que parece certo ou errado. Esses circuitos cerebrais primordiais enviam suas mensagens para nós através do corpo, particularmente as vísceras. O neurocientista da Universidade do Sul da Califórnia (USC) António Damásio chama essas sensações viscerais de "marcadores somáticos", um leme interno que, para qualquer decisão, nos informa a soma total de lições pertinentes obtidas de nossa experiência de vida.

Nossa intuição do que fazer — e o que não fazer — nos dá orientações compatíveis com nossos valores. Quando um jovem cineasta viu como o estúdio para o qual trabalhava editou seu primeiro grande filme, ficou profundamente contrariado por ter perdido o controle criativo. Assim, pegou o dinheiro arrecadado com aquele filme e fez um segundo por conta própria, apesar dos conselhos de todos os amigos da área para que deixasse que um estúdio investisse o dinheiro — e não pusesse seus próprios dólares em risco. Mas ele achou que a integridade artística de seu filme era mais importante.

Quando estava quase finalizando o filme, seu dinheiro acabou. Um banco após o outro rejeitou seus pedidos de empréstimo. O décimo banco ao qual recorreu enfim concedeu o último financiamento de que precisava. Aquele empréstimo de última hora permitiu que George Lucas finalizasse *Guerra nas estrelas*.

Claro que seguir seu coração não garante um império empresarial como a LucasFilm. Mas aumenta as chances de achar o que os pesquisadores chamam de "trabalho bom", que combina nossos valores, aquilo em que nos destacamos e o que adoramos fazer. Líderes que encontram em seu trabalho essa rara combinação de ética, excelência e prazer orientarão com energia e entusiasmo contagiantes.

■ FOCO NO OUTRO

Outra consciência revela-se naqueles capazes de acharem prontamente um denominador comum e afinidade com um novo parceiro comercial ou de fazerem as pessoas rirem e sorrirem — não de uma piada, mas devido à sua facilidade de se relacionar. A forte consciência do Outro permite que saibam em uma apresentação, por exemplo, quando um ouvinte precisa que se passe de dados frios para uma piada — ou vice-versa. São os executivos com quem as pessoas procuram trabalhar e cujas opiniões têm mais peso.

É possível reconhecer uma maior consciência do Outro nos executivos que são rápidos em captar a vibração de um grupo, reconhecendo um consenso tácito. Serão aqueles que dizem "Estamos de acordo que..." e todos assentirão com a cabeça.

Ser forte aqui também permite que pessoas surjam como líderes naturais em grupos, mesmo não sendo designadas como tais. Você não detecta esses líderes emergentes pedindo às pessoas que indiquem o líder do grupo, e sim perguntando: "Qual é a pessoa mais influente da equipe?"

Existem três tipos de empatia, cada uma essencial à liderança eficaz. A empatia cognitiva permite que um líder entenda a perspectiva da outra pessoa, os modelos mentais pelos quais esta vê seu mundo. Isso permite a um líder expressar uma mensagem nos termos que farão mais sentido àquela pessoa, sendo assim mais persuasivo. Líderes fortes nessa empatia obtêm um desempenho melhor que o esperado de seus subordinados diretos.

A empatia emocional, por outro lado, permite que um líder detecte imediatamente como alguém se sente naquele momento. Essa habilidade permite a um líder ter interações com forte química, o sentimento de ressonância que forma uma sensação de conexão, confiança e compreensão. Tudo fica mais fluido nesses momentos quase mágicos, seja uma decisão de negócio compartilhada ou uma negociação. Executivos fortes nessa variedade de empatia podem se destacar como mentores, gerentes de clientes e líderes de grupos, percebendo no momento como alguém está reagindo.

A terceira, preocupação empática, significa que um líder sente as necessidades daqueles à sua volta. Isso permite que reaja espontaneamente ao que as pessoas sentem que mais importa para elas. Os melhores cidadãos organizacionais mostram esse tipo de empatia quando voluntariamente ajudam outra pessoa. Nos líderes pode se manifestar na criação de uma atmosfera de segurança, confiança e apoio, na qual os subordinados diretos se sentem seguros para correr riscos e explorar possibilidades novas. Quando seu líder está do seu lado, você pode agir com mais confiança.

E, em geral, qualquer espécie de empatia torna as pessoas boas ouvintes, que desenvolvem fortes ligações interpessoais e que transitam pela organização produzindo impactos positivos. Elas naturalmente constroem vínculos e redes pessoais que lhes permitem guiar e influenciar, motivar e se comunicar com poder.

■ FOCO EXTERNO

A dinâmica de qualquer organização pode ser vista como um sistema. Numa empresa de tecnologia global, por exemplo, as competições ruidosas entre o COO e seu CEO ramificavam-se por todos os níveis organização abaixo, com rivalidades e suspeitas generalizadas. A colaboração era vista como um risco perigoso. A organização sofria uma hemorragia de talentos.

O consultor trazido para lidar com aquela crise de gerência reconheceu uma dinâmica que já havia visto em sua carreira, quando fez terapia familiar baseada em sistemas: o conflito entre parceiros conjugais se replicava em relacionamentos conturbados entre seus filhos. Embora a terapia possa potencialmente sanar essas desavenças, às vezes um divórcio se torna a única alternativa. O mesmo ocorreu na empresa. A dinâmica conturbada diminuiu quando o CEO mudou de carreira.

"Levar o sistema para dentro da sala" refere-se à prática de reunir todas as partes em um dado problema — e às vezes grande variedade de pessoas que têm algum grau de controle sobre sistemas que interagem. O Walmart usou esse método sistêmico para resolver o problema de suas revistas, das quais 65 por cento encalhavam nas prateleiras das lojas e eram depois transformadas em papel reciclado — um desperdício de dinheiro e fonte de emissões desnecessárias de carbono.

Um dos grandes problemas: como as revistas cobravam dos anunciantes por número de páginas compradas, e não pelas revistas realmente vendidas — o incentivo era simplesmente levar as revistas às prateleiras. Ao reunir editoras e distribuidores para examinarem o sistema inteiro, o Walmart conseguiu adaptar melhor determinadas revistas com as lojas onde eram mais vendidas e fazer com que as editoras mudassem como cobravam pelos anúncios. Resultado: uma redução de 50 por cento nas revistas desperdiçadas.

Ser capaz de interpretar os sistemas maiores que criam e revolvem um nicho ecológico da empresa permite que um líder formule estratégias melhores. Essa visão sistêmica desempenhou um papel explícito, por exemplo, nas estratégias de negócios formuladas pelo co-CEO John Mackey da Whole Foods Market, que tentam criar benefícios para uma grande variedade de interessados, de clientes, funcionários e acionistas a comunidades e o meio ambiente.

Existem muitos sinais de que um executivo possui um foco externo aguçado. São pessoas cuja curiosidade abrangente as leva a examinarem uma variedade de informações diárias, checando não apenas os sites-padrão de notícias e aqueles ligados ao seu negócio, mas buscando fontes incomuns. Elas estão abertas às muitas maneiras surpreendentes como dados aparentemente díspares podem imbuir seus interesses centrais.

E são constantes aprendizes, com um interesse genuíno em novas compreensões que possam obter de outras pessoas. Sua necessidade de saber transforma qualquer encontro humano — seja com a pessoa ao lado num avião, um supervisor de fábrica ou um visitante casual — em uma oportunidade de aprender sobre o mundo da outra pessoa. Esse espírito de interesse genuíno faz deles não apenas bons ouvintes, mas também bons questionadores.

Uma consciência externa também se revela num talento especial para detectar padrões significativos em uma planilha, dados indistintos ou manchetes da semana. Esse talento torna um executivo um curador apto de um mar de dados, capaz de selecionar o que conta e explicar seu sentido. Esse talento para interpretar sistemas pode ser visto, também, na habilidade de prever as consequências remotas de uma decisão local ou de como uma escolha feita hoje poderia importar no futuro distante.

■ NA ACADEMIA DE GINÁSTICA DA MENTE

Reflita por um momento sobre atenção e como você a usa. A resposta para a maioria de nós provavelmente será: não tão bem quanto poderia.

A atenção é um músculo mental. Como qualquer outro músculo, pode ser fortalecido pelo tipo certo de exercício. O "exercício" fundamental no fortalecimento da atenção pode ser visto quando sua mente divaga, você percebe que divagou e a traz de volta ao ponto de foco desejado, mantendo-a ali.

Esse movimento básico da atenção está na raiz de praticamente todo tipo de meditação, desde aquela da atenção plena, ou *mindfulness*, à transcendental. Removendo as camadas de crenças e cosmologia que a envolveram por séculos, os cientistas cognitivos veem a meditação como o simples retreinamento de nossos hábitos de atenção. E assim como a malhação na academia tem benefícios subsequentes para a forma física no resto da vida, o desenvolvimento de atenção que ocorre durante uma sessão de meditação se generaliza para outras tarefas mentais.

Durante décadas pesquisas demonstraram que as pessoas que meditam se concentram mais no que fazem. As descobertas mais recentes de neuroimagem mostram por quê: a meditação fortalece os circuitos do córtex pré-frontal que controlam a atenção.

Existem dois tipos principais de foco da atenção: a unidirecionalidade — trazer a atenção de volta para um ponto sempre que ela se afasta — e a atenção plena, isto é, cultivar uma consciência observadora do que adentra a mente.

Praticar o foco unidirecional desenvolve a concentração, calma e recuperação mais rápida da agitação do estresse. A atenção plena acrescenta a isso uma forte autoconsciência. Como os líderes precisam de todas essas capacidades em profusão, empresas como General Mills e Google têm oferecido treinamento em atenção plena aos seus executivos.

O curso do Google "Procure dentro de si" é agora oferecido em outras empresas. Um estudo de Stanford sobre os efeitos do curso considerou os participantes melhores em autoconsciência — observar sua própria experiência e agir com consciência — e mais capazes de usarem o músculo da atenção para lidarem com suas próprias emoções, uma habilidade-chave no calor do momento quando se perde o foco. A preocupação empática e habilidades de escuta também melhoraram.

■ FLEXIBILIDADE E EQUILÍBRIO

Os focos Interno, no Outro e Externo são sinérgicos. Um bom foco Externo, por exemplo, ajuda um líder a captar a visão estratégica certa. Mas ele só pode pô-la em ação comunicando-se com sua equipe e a mobilizando. Isso pode exigir, por exemplo, enunciar uma visão compartilhada em que genuinamente acredite, e fazê-lo de uma forma com que as pessoas ressoem: de coração para coração.

Cada um desses três tipos de foco e suas subvariedades têm seus benefícios, e os líderes precisam de todos os três em equilíbrio: o foco certo para o propósito certo na hora certa. Ser fraco em qualquer um deles traz desvantagens.

Vejamos as variedades do foco Externo implementada em estratégia. Muitas empresas têm êxito executando bem uma variação específica de funções. Os pensadores da estratégia chamam esse foco operacional de "exploração". A insistência de Jack Welch quando foi CEO da GE de que a empresa abandonasse negócios que não estivessem em primeiro ou segundo lugar em seu setor exemplifica a exploração.

Outras empresas encontram o sucesso pela inovação constante e revoluções criativas. Essa abordagem de alto risco e grandes recompensas é chamada "investigação". A investigação é a estratégia do empreendedor, que busca a próxima novidade. Pense em Steve Jobs na Apple. Claro que a Apple também explorava suas tecnologias vitoriosas, e a GE continuou a inovar — qualquer empresa robusta precisa fazer ambas as coisas.

A exploração requer concentração e uma atenção constante na tarefa à mão. A investigação exige um foco aberto, que sonde amplamente e reconheça possibilidades novas. Estudos recentes do cérebro mostram que esses dois estilos de atenção operam em circuitos cerebrais diferentes. Executivos que se acostumam com um ou outro, deixando de exercitar os dois, e podem achar difícil mudar quando necessário — e as empresas que eles lideram podem deixar de equilibrar a exploração com a investigação.

O CEO fundador da Intel, Andrew Grove, chama a tendência de as empresas explorarem um produto ou estratégia bem-sucedida por um tempo demasiado de "armadilha do sucesso". Qualquer estratégia, por mais rentável que seja no momento, terá de mudar drasticamente em certo ponto se a empresa quiser prosperar no futuro distante.

A RIM, por exemplo, persistiu na exploração de seu Blackberry com uma falta desastrosa de investigação, enquanto seu nicho de mercado evoluía. Os dois CEOs fundadores, ambos engenheiros, haviam conquistado seu mercado através de uma engenharia superior, e persistiram nessa estratégia. Mas quando a RIM perdeu uma quantia enorme de participação no mercado, um CEO novo foi trazido. Segundo sua análise, persistir na estratégia de exploração deixara a empresa bem atrás dos concorrentes em inovações de smartphone como a rede sem fio 4G mais veloz e as telas sensíveis ao toque.

Simon Baron-Cohen, um psicólogo da Universidade de Oxford, descreve dois "estilos cerebrais" encontrados em uma parcela das pessoas nos extremos da curva em sino. Num dos extremos, um alto nível de consciência sistêmica vem acompanhado de um déficit em empatia. No extremo oposto, pessoas com alta empatia sofrem de cegueira sistêmica. Nenhum dos dois estilos resulta na liderança mais eficaz, embora ambos se manifestem sob diferentes aparências nas fileiras executivas. O ideal é um líder conseguir se conectar com as pessoas e captar os sinais significativos em meio ao ruído dos sistemas.

Existem outras doenças da liderança resultantes da falta de foco. Um líder orientado para a realização, por exemplo, fixa-se em atingir os números à custa da conexão com as pessoas. Esse estilo de liderança tornou-se mais comum nos escalões superiores das empresas desde a eclosão da crise fiscal. Obter aplausos para esses números pode levar um líder a ignorar o efeito interpessoal negativo desse estilo. Tais líderes têm um foco míope no Outro, vendo o tempo gasto com as pessoas como uma interrupção, não como uma chance de se conectar, motivar, escutar e orientar.

Mas vejamos o desequilíbrio inverso. O chefe carismático e popular de uma divisão asiática de uma indústria multinacional sabia que deveria dedicar mais tempo a pensar em estratégia. Mas descobriu que seu coração não estava naquilo. O que ele adorava fazer era se misturar aos seus funcionários no chão da fábrica, onde começara sua própria carreira. Seu foco no Outro era desproporcional. A intervenção de um coach executivo ajudou a acertar suas prioridades, ampliando seu foco Externo.

■ O FUTURO DO FOCO

Existem sinais claros de que a própria capacidade de se concentrar vem sendo solapada atualmente. Quem conhece um adolescente constata que a geração do novo milênio é viciada em tecnologia, como mensagens de texto (que substituíram as ligações telefônicas como modo preferido de se manter em contato). Na nova regra social, ignorar as pessoas em torno, fixando-se num dispositivo eletrônico, tornou-se a norma, e não um sinal de indelicadeza.

Os professores me contam que é frequente que muitos alunos de ensino médio e superior mantenham notebooks em suas carteiras durante as aulas — ostensivamente para tomar notas, mas na verdade para jogar, trocar e-mails, entrar no Facebook e outras atividades digitais semelhantes. Ao mesmo tempo, os professores dizem que mais estudantes do que no passado têm dificuldade em manter o foco numa narrativa complexa. Isso pode pressagiar uma geração futura de trabalhadores com dificuldades em entender ideias intricadas e em prestar atenção por períodos prolongados — o pensamento convencional nos círculos de mídia já é "deixe curto".

Os circuitos neurais da atenção ganham forma durante a infância e a adolescência. Períodos sustentados de plena concentração fortalecem esses circuitos. A distração crônica solapa o controle cognitivo. Também estão ameaçadas a consciência interna, que permite a autogestão eficaz na vida, e a empatia, que permite sintonizarmos com as outras pessoas e coordenarmos o que fazemos.

O conjunto de habilidades da inteligência emocional, tão vital ao sucesso em qualquer campo e essencial à liderança, começa no âmago da vida. Aprendemos com nossos pais, familiares, amigos, professores e colegas de trabalho — se prestarmos atenção neles. Qualquer interação pode render uma ou outra lição nesse conjunto de habilidades da vida, ou ao menos aumentar nossa habilidade de empatia. Quanto mais tempo nossos jovens passarem se isolando, fitando uma tela digital, menos oportunidades terão para tal aprendizado.

Meu medo é que, conforme essas gerações ocupem seus lugares nas organizações estando — em teoria — preparados para os cargos de liderança, falte aos profissionais a base fundamental em foco e inteligência emocional de que precisarão. Isso significa que as organizações talvez precisem criar cursos corretivos de concentração que reforcem as habilidades das pessoas.

Uma solução emergente usa o amor dos jovens pelos jogos eletrônicos para ensinar habilidades de atenção. Na Universidade de Wisconsin, por exemplo, neurocientistas cognitivos se uniram a designers digitais para desenvolverem um jogo onde manter a calma e a concentração é uma estratégia vitoriosa.

Outra abordagem ensina às crianças os fundamentos da concentração em uma atividade de grupo diária de cinco ou dez minutos em que simplesmente observam suas barrigas indo para cima e para baixo enquanto respiram. Algo simples, sem dúvida — mas esse exercício mental diário parece fortalecer os circuitos do controle cognitivo que preparam os cérebros jovens para o aprendizado (funciona para adultos também). Vi salas de aula em escolas dos bairros carentes onde a atmosfera concentrada surte efeito e os alunos aprendem melhor.

Muitas escolas atuais incluem cursos de "aprendizado social/emocional", que ensinam os fundamentos da inteligência emocional, como autoconsciência e empatia, integrados ao currículo escolar padrão do jardim de infância até o ensino médio. Uma meta-análise dos estudos, incluindo um total de mais de 270 mil alunos, mostrou que os cursos levaram a quedas substanciais nos comportamentos antissociais, aumento na cooperação e gosto pela escola — e um aumento de 11 por cento nas avaliações do rendimento escolar.

Esses jovens incluem nossos líderes do futuro. Se as escolas lhes ensinam as habilidades de concentração de que precisarão para suas vidas e carreiras, as empresas não precisarão se preocupar tanto com o aprimoramento do foco quando se tornarem funcionários. Pense nisso como treinamento para liderança.

Pós-escrito
Originalmente publicado em hbr.org e LinkedIn.com

PARA FORTALECER SEU INTERVALO DE ATENÇÃO, PARE DE SOBRECARREGÁ-LO

hbr.org — 28 de novembro de 2013

A Iditarod, corrida de trenós puxados por cães, cobre 1.770 quilômetros de gelo ártico e dura mais de uma semana. A estratégia-padrão dos condutores de trenós era correr 12 horas seguidas, depois descansar outras 12. Ou você corria o dia todo e descansava de noite, ou descansava de dia e corria a noite toda.

Tudo isso mudou por causa de Susan Butcher, a auxiliar de um veterinário atenta aos limites biológicos de seus cães. Ela os treinou para correrem em períodos de quatro a seis horas, depois descansarem o mesmo intervalo de horas, correndo nesse ritmo de noite e de dia. Ela e seus cães venceram a corrida quatro vezes.

Susan Butcher treinou seus cães como os grandes atletas treinam na maioria dos esportes: um esforço intenso por umas quatro horas — e depois descanso. Essa é a melhor rotina para o corpo alcançar o desempenho máximo.

Anders Ericcson, um psicólogo da Universidade da Flórida que estuda pessoas de máximo desempenho, descobriu que competidores de nível internacional, de levantadores de peso a pianistas, limitam a parte árdua de sua rotina de treino ao máximo de umas quatro horas por dia. O descanso faz parte de seu regime de treinamento, para restaurar a energia física e mental. Eles se forçam ao máximo, mas sem ultrapassá-lo.

Esse ciclo trabalho-descanso-trabalho-descanso também se aplica a ajudar nosso cérebro a se concentrar ao máximo no trabalho. No local de trabalho, o foco concentrado permite que usemos nossas habilidades em seu pico. Pesquisadores da Universidade de Chicago descobriram, por exemplo, que nos momentos em que as pessoas atingem seu nível máximo, estão completamente absorvidas pela tarefa à frente, seja uma cirurgia cerebral ou marcar uma cesta de três pontos no basquete.

O desempenho máximo requer foco total, e sustentar a atenção focalizada consome energia — mais tecnicamente, seu cérebro exaure seu combustível, a glicose. Sem descanso, nossos cérebros ficam mais esgotados. Os sinais do cérebro ficando de tanque vazio incluem, por exemplo, a dispersividade, irritabilidade, fadiga e estar no Facebook quando deveria estar fazendo seu trabalho.

Uma reação razoável a isso é rara nos executivos atuais: fazer um intervalo. Com frequência tentamos "continuar avançando", mas não existe uma reserva de energia mágica aguardando por nós — nosso desempenho tende a se deteriorar lentamente se continuarmos forçando a barra através do dia.

O declínio da eficiência cognitiva ao ultrapassarmos as nossas reservas — bem documentado em laboratórios de pesquisa — manifesta-se no dia de um executivo como um nível crescente de erros, esquecimentos e brancos momentâneos. Nas palavras de um executivo: "Quando percebo que minha mente esteve em outro lugar durante uma reunião, pergunto-me quais oportunidades perdi ali."

Dadas as altas expectativas sobre os executivos, talvez seja compreensível que alguns tenham recorrido a substâncias que melhoram o desempenho. Um advogado que diariamente toma um remédio para transtorno do déficit de atenção (de que ele não sofre) confidenciou ao seu médico: "Se eu não tomasse isso, não conseguiria ler os contratos."

Mas existem outros meios — legais e saudáveis — que ajudam a aumentar nossa atenção para enfrentarmos as exigências contínuas do dia atarefado de um executivo: meditação. Da perspectiva da ciência cognitiva, todos os métodos de meditação são métodos para treinar a atenção. Um método cada vez mais popular para aumentar o poder de atenção dos circuitos cerebrais é a "atenção plena", ou mindfulness, um método de meditação extraído de um sistema de crenças religiosas.

A neurociência por trás da atenção plena depende do conceito de "neuroplasticidade". O cérebro muda com a experiência repetida, à medida que alguns circuitos se fortalecem e outros definham.

A atenção é um músculo mental e pode ser fortalecida com a prática certa. O exercício básico para aumentar a concentração na academia de ginástica mental: dirija seu foco para um alvo escolhido, como sua respiração. Quando ele se afastar (e isso ocorrerá), note que sua mente divagou. Isso requer atenção plena, a habilidade de observar nossos pensamentos sem sermos envolvidos neles.

Depois traga sua atenção de volta à sua respiração. Esse é o equivalente mental ao levantamento de peso. Pesquisadores da Emory University informam que esse exercício simples de fato fortalece a conectividade nos circuitos da concentração.

Existe ainda outra opção. Podemos chamá-la de Solução Latina.

Estive em Barcelona recentemente, onde na hora do almoço a maioria das lojas e empresas fecha as portas para que os funcionários possam ir para casa, comer uma boa refeição — e se possível tirar uma soneca. Mesmo um breve repouso no meio da tarde recarrega o cérebro para o resto do dia.

TRÊS SOLUÇÕES RÁPIDAS PARA A MENTE DIVAGANTE

linkedIn.com — 25 de setembro de 2013

Acontece com todos nós: você está tentando realizar uma tarefa importante e subitamente percebe que por algum tempo esteve perdido num devaneio sobre algo totalmente diferente. Você não sabe quando sua mente saiu dos trilhos, nem por quanto tempo andou desencaminhada.

Nossas mentes divagam, em média, 50 por cento do tempo. A taxa exata varia enormemente. Quando pesquisadores de Harvard pediram que 2.250 pessoas informassem o que estavam fazendo e em que estavam pensando em pontos aleatórios de seus dias, as defasagens fazer-pensar variaram amplamente.

Mas a maior defasagem foi durante o trabalho: a divagação é epidêmica no emprego. Mas podemos tomar medidas que nos ajudarão a permanecer concentrados mais tempo quando precisamos.

1. **Administre suas tentações.** Muitas das distrações que nos desviam de nosso trabalho são digitais: Twitter, e-mails e afins. Diversos aplicativos podem bloquear essas tentações a divagarmos. O Chrome tem dois aplicativos grátis que fazem isso: o Nanny for Google bloqueia sites que você poderia ser tentado a visitar, pelo período que você decidir; o StayFocusd limita a quantidade de tempo (também fixada por você) que você pode dedicar à sua caixa de entrada, ao Facebook ou o que mais possa seduzi-lo.

2. **Monitore sua mente e reflita.** Observar onde foi parar sua mente — checando o Twitter, por exemplo, em vez de terminar aquele relatório — lhe dá a chance de refletir: "minha mente divagou de novo". Este pensamento desvia sua mente de sua divagação e ativa circuitos do cérebro que podem ajudar sua atenção a se libertar e voltar ao trabalho.

3. **Pratique uma sessão diária de atenção plena.** Este exercício pode ser tão simples quanto observar sua respiração, notando quando sua mente divagou, abandonando o pensamento divagante e trazendo-a de volta à respiração. Esses movimentos da mente são como uma malhação mental, o equivalente ao levantamento repetitivo de halteres: cada exercício fortalece o músculo um pouco mais. Na atenção plena, o que fica mais forte são os circuitos do cérebro para notar quando sua mente divagou, abandonar a divagação e retornar ao seu foco escolhido. E é exatamente disso que precisamos durante aquela tarefa importante em que estamos trabalhando.

Não apenas inteligente, mas sábio

Por que grandes líderes precisam ter um foco que vai além de suas organizações

Publicado originalmente na *The Focus Magazine* de Egon Zehnder, dezembro de 2013

L<small>EMBRO-ME DO EXATO</small> momento em que Paul Polman ingressou no panteão dos líderes que tanto admiro. Estávamos juntos num painel do Fórum Econômico Mundial de Davos, e Paul, CEO da Unilever, descrevia a estratégia de sustentabilidade de sua empresa. O que me seduziu não foi a meta da empresa de reduzir sua pegada de carbono — por mais louváveis que sejam essas metas, são ingredientes comuns nas estratégias corporativas de sustentabilidade. Mas Paul passou a anunciar que sua empresa se esforçaria por obter suas matérias-primas de uma nova rede de 500 mil pequenos fazendeiros dos países em desenvolvimento. Foi aquilo que me seduziu.

Cerca de 85 por cento das fazendas no mundo inteiro são classificadas como pequenas propriedades. O Banco Mundial considera o apoio à agricultura em pequena escala a forma mais eficaz de estimular o desenvolvimento econômico em áreas rurais. Nos mercados emergentes, a agricultura sustenta — direta ou indiretamente — três de cada quatro pessoas nas faixas de renda mais baixa.

Redesenhar dessa forma a cadeia de suprimentos da Unilever deixaria mais dinheiro nas comunidades agrárias locais, melhorando assim a saúde e a educação de suas crianças. Com esse pensamento, o CEO da empresa havia ido bem além das fronteiras normais de criar valor para sua própria organização. A visão estratégica de Paul Polman exemplifica o que denomino um foco Externo, um dos três tipos de foco que todo líder necessita hoje: Externo, no Outro e Interno.

■ COMPETÊNCIAS DA INTELIGÊNCIA EMOCIONAL

Os focos Interno e no Outro podem ser vistos em termos de competências da inteligência emocional. Os primeiros dois dos quatro domínios da inteligência emocional — autoconsciência e autogestão — indicam um foco Interno saudável. Manifestam-se entre líderes excepcionais em forças de autoconsciência como uma autoconfiança realista e uma consciência de suas próprias forças e limitações. A autogestão revela-se no autocontrole emocional (como permanecer calmo e lúcido sob estresse elevado ou recuperar-se dele rapidamente), na adaptabilidade e em se manter concentrado ao buscar metas.

Além disso, uma autoconsciência aguçada ajuda um líder a sintonizar com os sinais internos sutis que são a maneira como o cérebro comunica à mente o que nossa sabedoria de vida diz quanto a uma decisão sobre a qual estamos refletindo. Esse mecanismo parece ser a avenida pela qual sentimos no primeiro instante para onde nossos valores norteadores nos guiam. Integridade e noção de ética dependem desse estímulo interno: somente após essa sensação podemos pôr nossos valores em palavras.

Um foco robusto no Outro, no modelo da inteligência emocional, se manifesta nos líderes como uma empatia perspicaz. Eles sentem como os outros pensam o mundo — colocando assim as coisas em termos que estes entendem — e ressoam também o sentimento dos outros. Dessa noção clara dos outros resultam competências de relacionamento como trabalho em equipe e colaboração, persuasão e influência, tratamento de conflitos e aconselhamento.

Essas "habilidades com as pessoas" são mais importantes para a liderança do que habilidades puramente cognitivas como fazer cálculos. Claudio Fernández-Aráoz, consultor sênior da Egon Zehnder International, analisou casos em que contratados aparentemente excepcionais para cargos de nível executivo acabaram sendo dispensados. Sua conclusão: foram contratados pelo expertise nos negócios e pela inteligência, mas demitidos por falhas na inteligência emocional.

■ FORÇAS DE UM TERCEIRO TIPO

Mas além do foco Interno e no Outro, acredito que os líderes atuais necessitam de forças em um terceiro tipo de foco: o Externo. Um foco Externo permite a um líder detectar a operação dos sistemas maiores que moldam o destino de uma organização — ou uma comunidade, ou sociedade. Ele vai além de sentir mudanças iminentes nos ventos da economia e inclui, por exemplo, forças sociais, culturais e ambientais em ação.

Quando se trata de identificar líderes emergentes, mesmo quando ainda estão na faculdade, essas três variedades de foco oferecem pistas. Pesquisadores constatam que muitas das habilidades que caracterizam líderes excepcionais começam a emergir cedo na vida, bem antes de começarem a vida profissional. Uma consciência interna perspicaz poderia se revelar, por exemplo, em adolescentes atraídos pelo trabalho voluntário por uma causa maior do que suas próprias preocupações pessoais, como o meio ambiente.

Outra manifestação poderia ser na autogestão superior em forma de um foco obstinado em metas. Pesquisadores chamam essa capacidade mental de "controle cognitivo". Muitos estudos constataram que o controle cognitivo, quando medido em crianças, prognostica seu sucesso e sua saúde financeira na vida adulta mais fortemente do que seu QI ou a riqueza de sua família de origem.

■ MEIOS HÁBEIS

Uma consciência do Outro aguçada assume a forma de uma maior empatia, a habilidade de perceber como os outros pensam e se sentem. Sintonizar com o mundo interior das outras pessoas cria uma plataforma para a preocupação com os problemas e as dores delas — em outras palavras, compaixão. Essa consciência social também se manifesta como a habilidade interpessoal vista em líderes de alto desempenho (ou professores, a propósito) capazes de se conectarem rapidamente de pessoa para pessoa, ouvirem atentamente e influenciarem os outros para melhor.

Quando a empatia e habilidade social combinam-se a serviço da compaixão, tornam-se o que os tibetanos chamam de "meios hábeis", eficácia que faz o bem.

E um foco no Outro precoce pode surgir em crianças e adolescentes fascinados pelos sistemas naturais, tentando pela própria iniciativa (e não como uma tarefa escolar) entender o funcionamento da natureza. Também pode se manifestar como um fascínio por ciência, tecnologia, engenharia e matemática. Jovens que adoram aprender como as coisas funcionam estão expressando uma receptividade natural ao pensamento sistêmico.

Contudo, quando se trata de um foco Externo — que nos permite monitorarmos os sistemas maiores que moldam organizações, vidas, sociedade e planeta — tocamos num domínio no qual a sabedoria de uma geração precisa ser transmitida à próxima. Isso se tornou particularmente verdadeiro na transmissão de conhecimento crítico à sobrevivência da nossa espécie.

Essa transmissão fracassou de várias formas cruciais. Enquanto as culturas nativas sempre estiveram fortemente sintonizadas com o funcionamento de seus ecossistemas locais para sobreviverem, podemos passar pela vida moderna ignorando as maneiras como nossas decisões locais podem prejudicar não apenas o meio ambiente próximo, mas também os distantes ou invisíveis.

■ O DILEMA DO ANTROPOCENO

Talvez a crise sistêmica mais grave de nossa época passe em grande parte despercebida: o dilema do Antropoceno. Ingressamos na era antropocena com a Revolução Industrial. Desde então, os sistemas humanos para transporte, energia, construção, indústria e comércio vêm paulatinamente deteriorando o punhado de sistemas globais que sustentam a vida em nosso planeta.

Embora o papel do carbono na mudança climática tenha sido o mais visível desses impactos sistêmicos, muitos outros — do escoamento de fertilizantes à base de fósforo criando pontos mortos nas águas do mundo ao aumento de toxinas, como disruptores endócrinos e carcinógenos, nos tecidos humanos — são em grande parte imprevistos.

Líderes empresariais que exigem mais transparência sobre esses impactos em suas próprias operações e através de sua cadeia de suprimentos, e que tomam decisões que reduzem suas pegadas ecológicas, exibem uma consciência sistêmica excepcional. O foco no Outro permite que operem de formas que vão além da lógica econômica apenas e lancem mão de um cálculo mais complexo que equilibra retorno financeiro com bem-estar público.

O mundo da liderança prestou muita atenção ao cultivo e à identificação das habilidades que permitem a um executivo navegar por uma organização formulando estratégias inteligentes, executar metas estratégicas e enfrentar os problemas do dia. Mas precisamos de mais líderes com uma visão ampla que não se acomodem às condições existentes, mas vejam o que poderiam se tornar, e se esforcem por mudá-las.

▪ VISAR O BEM MAIOR

Nossa época exige líderes que sejam não apenas inteligentes, mas sábios. Líderes sábios formulam estratégias que visam o bem maior, não apenas os objetivos de uma organização. Quanto mais nossas comunidades, sociedades e o mundo em geral escolherem tais líderes, melhor estaremos. E quanto mais hábeis nos tornarmos em detectar o potencial para tal liderança nas gerações mais jovens — e em ajudá-las a cultivar essas qualidades — mais promissor será nosso futuro.

Inspiram-me as palavras de Larry Brilliant, presidente do Skoll Global Threats Fund, que busca prevenir crises mundiais como pandemias e aquecimento global. Diz ele: "A civilização deveria ser julgada não por como trata as pessoas mais próximas do poder, mas como tratam aquelas mais distantes do poder — seja em relação a raça, religião, sexo, riqueza ou classe social — bem como no tempo."

Segundo minha visão, líderes realmente grandes agem movidos por aspirações além das metas ou fronteiras de uma organização ou um grupo e procuram curar a humanidade como um todo. Penso em Paul Polman, ou Bill Gates na fase filantrópica de sua carreira, ou Muhammad Yunus fundando o Banco Grameen, como modelos.

Trata-se de líderes que captam a dor dos impotentes e do próprio planeta e buscam reparar tal dano, seja reduzindo as doenças que afligem os pobres, aumentando a viabilidade de comunidades locais ou combatendo a própria pobreza. E os impactos de suas estratégias terão importância no futuro. Líderes sábios implicitamente seguem uma máxima que ouvi enunciada pelo Dalai Lama numa conferência do MIT sobre sistemas globais. Ele sugeriu que, ao tomarmos uma decisão ou examinarmos uma linha de ação, deveríamos nos perguntar: Quem se beneficia? Somente nós, ou um grupo? Somente um grupo, ou todos? E somente no presente, ou também no futuro?

Esses líderes mobilizam as paixões das pessoas e promovem organizações nas quais o trabalho tem um significado mais profundo. Os empregos tornam-se um "trabalho bom", uma combinação poderosa em que as melhores habilidades das pessoas estão plenamente engajadas, seu foco plenamente imerso e seu trabalho alinhado com seus valores. Tais locais de trabalho são chamarizes potentes para a próxima geração de líderes notáveis.

Pós-escrito
Originalmente publicado em LinkedIn.com

TRANSTORNO DO DÉFICIT DE ATENÇÃO ORGANIZACIONAL

2 de janeiro de 2014

Muitos líderes em grandes organizações gerenciam equipes globais. O grupo pode incluir trabalhadores contratados ou membros da equipe de uma fusão. Interações face a face nem sempre são possíveis. Pôr um grupo em sincronia com as metas do projeto pode ser um desafio. Como resultado desses e outros obstáculos, gerentes são muitas vezes forçados a trabalhar confiando que os profissionais agirão corretamente.

Mas ao longo do caminho, existem transtornos indesejados. Atritos surgem dos constantes prazos não cumpridos, má comunicação ou orçamentos mal geridos. Os gerentes têm dificuldade para compreender — ou reagir a — erros de profissionais desatentos. Tais transtornos são o sinal do déficit de atenção organizacional.

O ideal é que pessoas trabalhando em equipe estejam em sintonia mútua. As equipes de desempenho máximo têm grande harmonia e certas normas para preservar essa harmonia, tais como:
- Estão bem conscientes das forças e fraquezas mútuas.
- Deixam alguém entrar ou sair de um papel conforme necessário.
- Não permitem o atrito cozinhar em fogo baixo até explodir.
- Elas o enfrentam antes que se torne um problema real.
- Celebram vitórias e se divertem juntas.

Isso se torna mais difícil se as pessoas trabalham a distância — física ou emocionalmente. Se você tem pessoas na equipe que não se sintonizam, a harmonia diminui. O problema é exacerbado por um relacionamento virtual: pessoas que só trocam e-mails e que nunca se veem pessoalmente.

Existem formas de superar o transtorno do déficit de atenção organizacional:

- Encontrar-se pessoalmente. Se possível, reúna todos para um encontro de um ou dois dias fora da empresa. Se você conhece a outra pessoa, pode superar a distância criada pelo mundo virtual.
- Os líderes devem orientar a atenção. Os melhores líderes sentem quando e onde mudar o foco coletivo de uma equipe, fazendo-o no momento certo — por exemplo, para explorar uma tendência emergente.
- Defina metas claras para os projetos. Comunique às pessoas o que se espera delas e por que sua contribuição importa no quadro mais amplo.
- Resista à mentalidade do "Nós contra Eles". Ativamente, procure o objetivo em comum entre você e a outra pessoa ou equipe. Isso ajuda a eliminar qualquer filtro antagônico embutido que você traz a um projeto.
- Forneça tempo suficiente para a realização do trabalho. Muitos gerentes acreditam que possam estimular a criatividade impondo às pessoas prazos curtíssimos. Trata-se de um mito. Na verdade, em geral as pessoas são mais criativas quando têm tempo para explorar um problema, refletir no que estão fazendo, coletar informações novas e conversar com pessoas que possam ter perspectivas diferentes, o que pode ser extremamente útil.
- Desconecte. Distrações tecnológicas podem afetar o desempenho e a comunicação face a face. Limite o número de telas abertas em seu computador. Desligue seu celular se estiver em cima do prazo.

O FATOR IMPRESCINDÍVEL DA LIDERANÇA

29 de setembro de 2013

"Gosto de entender como as pessoas veem o mundo", um CEO me conta. "É sempre diferente para cada pessoa. Fico fascinado com o que as pessoas pensam, o que é importante para elas, como organizam seu mundo."

Essa curiosidade natural sobre a realidade das outras pessoas, tecnicamente falando, representa a "empatia cognitiva", a habilidade de ver o mundo pelos olhos dos outros. A empatia cognitiva é de mente para mente, dando-nos uma ideia mental de como funciona o pensamento de outra pessoa. É uma dentre três tipos de empatia, cada qual com uma vantagem no local de trabalho e nos relacionamentos em qualquer local em nossas vidas.

Essa forma de sintonizar com outra pessoa faz mais do que dar uma compreensão de sua visão — ensina como nos comunicarmos melhor com essa pessoa: o que mais importa para ela, seu modelo do mundo e até quais palavras usar — ou evitar — ao falar com ela.

E isso compensa em vários aspectos. Gerentes com excelente empatia cognitiva, por exemplo, obtêm um desempenho superior ao esperado de seus subordinados diretos. E executivos dotados dessa vantagem mental saem-se bem quando transferidos para uma cultura diferente de sua própria — eles são capazes de captar as normas e regras do jogo de outra cultura mais rapidamente.

Mas a empatia emocional, uma segunda variedade, tem benefícios diferentes. Com empatia emocional sentimos o que a outra pessoa sente numa ligação corpo a corpo instantânea. Essa empatia depende de um músculo da atenção diferente: sintonizar com os sentimentos de outra pessoa requer que captemos seus sinais faciais, vocais e um grupo de outros sinais não verbais de como se sentem instante após instante.

Essa variedade de empatia, como mostram as pesquisas, depende de sintonizarmos com os sinais emocionais de nosso próprio corpo, que automaticamente espelham os sentimentos da outra pessoa.

Daniel Siegel, psiquiatra da UCLA, chama as áreas do cérebro que criam essa ressonância de circuitos do "nós". Estar na bolha de um "nós" com outra pessoa pode indicar química, aquela sensação de afinidade que garante o êxito do que estamos fazendo juntos — seja em vendas, numa reunião, na sala de aula ou entre um casal. O dr. Siegel chegou a escrever sobre como fazer isso com um adolescente.

Vemos a terceira variedade, a preocupação empática, entrar em ação sempre que alguém expressa sua atenção por outra pessoa. Esse tipo de empatia participa dos círculos cerebrais do amor parental — é uma conexão de coração para coração. Mas não é inadequada no trabalho: você a vê quando um líder deixa claro que apoiará as pessoas, que elas podem confiar nele, que estão livres para correr riscos, sem precisarem manter uma postura defensiva segura demais.

Na sala de aula você vê a preocupação empática quando um professor cria uma atmosfera semelhante e os alunos se sentem livres para deixarem sua curiosidade vagar livremente.

Qual tipo de empatia um líder, professor, pai ou mãe deveria ter? Todos os três.

Créditos

A formação de um líder
Publicado originalmente na *Harvard Business Review*,
novembro/dezembro de 1998

Liderança que traz resultados
Publicado originalmente na *Harvard Business Review*,
março de 2000

Liderança primordial: o propulsor oculto do ótimo desempenho
com Richard Boyatzis e Annie McKee. Publicado originalmente na
Harvard Business Review, dezembro de 2001

Redespertando sua paixão pelo trabalho
com Richard Boyatzis e Annie McKee. Publicado originalmente na
Harvard Business Review, abril de 2002

Inteligência social e a biologia da liderança
com Richard Boyatzis. Publicado originalmente na *Harvard Business
Review*, setembro de 2008

O foco triplo do líder
Adaptado de *Foco: A atenção e seu papel fundamental para o sucesso*
de Daniel Goleman (2013)

Não apenas inteligente, mas sábio
Publicado originalmente na *The Focus Magazine* de Egon Zehnder,
dezembro de 2013

1ª EDIÇÃO [2015] 20 reimpressões

ESTA OBRA FOI COMPOSTA PELA ABREU'S SYSTEM EM ADOBE GARAMOND
E IMPRESSA EM OFSETE PELA LIS GRÁFICA SOBRE PAPEL PÓLEN BOLD DA
SUZANO S.A. PARA A EDITORA SCHWARCZ EM ABRIL DE 2025

A marca FSC® é a garantia de que a madeira utilizada na fabricação do papel deste livro provém de florestas que foram gerenciadas de maneira ambientalmente correta, socialmente justa e economicamente viável, além de outras fontes de origem controlada.